Autores varios

Constitución de Panamá de 1972

Barcelona **2023**
Linkgua-ediciones.com

Créditos

Título original: Constitución de Panamá.

© 2023, Red ediciones S.L.

e-mail: info@linkgua.com

Diseño de cubierta: Michel Mallard.

ISBN rústica: 978-84-9816-126-7.
ISBN ebook: 978-84-9897-156-9.

Sumario

Constitución política de la República de Panamá de 1972 (11 de octubre de 1972)

REFORMADA POR LOS ACTOS REFORMATORIOS DE 1978 Y POR EL ACTO CONSTITUCIONAL DE 1983

Nosotros los Representantes de los Corregimientos de la República de Panamá, reunidos en Asamblea Nacional Constituyente elegida por el pueblo e invocando la protección de Dios decretamos la Constitución Política de la República de Panamá, que consagra los principios sociales, políticos, económicos y morales inspiradores de la Revolución panameña:

Título I. El Estado panameño

Artículo 1. La Nación panameña está organizada en Estado soberano e independiente, cuya denominación es República de Panamá. Su Gobierno es unitario, republicano, democrático y representativo.

Artículo 2. El Poder público solo emana del pueblo. Lo ejerce el Estado conforme esta Constitución lo establece, por medio de los Órganos Legislativo, Ejecutivo y Judicial, los cuales actúan limitada y separadamente, pero en armónica colaboración.

Artículo 3. El territorio de la República de Panamá comprende la superficie terrestre, el mar territorial, la plataforma continental submarina, el subsuelo y el espacio aéreo entre Colombia y Costa Rica de acuerdo con los tratados de límites celebrados por Panamá y esos Estados. El territorio nacional no podrá ser jamás cedido, traspasado o enajenado, ni temporal ni parcialmente, a otro Estado.

Artículo 4. La República de Panamá acata las normas del Derecho Internacional.

Artículo 5. El territorio del Estado panameño se divide políticamente en Provincias, estas a su vez en Distritos y los Distritos en Corregimientos. La Ley podrá crear otras divisiones políticas, ya sea para sujetarlas a regímenes especiales o por razones de conveniencia administrativa o de servicio público.

Artículo 6. Los símbolos de la Nación son el himno, la bandera y el escudo de armas adoptados por la Ley 34 de 1949.

Artículo 7. El español es el idioma oficial de la República.

Título II. Nacionalidad y extranjería

Artículo 8. La nacionalidad panameña se adquiere por el nacimiento, por la naturalización o por disposición constitucional.

Artículo 9. Son panameños por nacimiento:
1. Los nacidos en el territorio nacional.
2. Los hijos de padre o madre panameños por nacimiento nacidos fuera del territorio de la República, si aquellos establecen su domicilio en el territorio nacional.
3. Los hijos de padre o madre panameños por naturalización nacidos fuera del territorio nacional, si aquellos establecen su domicilio en la República de Panamá y manifiestan su voluntad de acogerse a la nacionalidad panameña a más tardar un año después de su mayoría de edad.

Artículo 10. Pueden solicitar la nacionalidad panameña por naturalización:
1. Los extranjeros con cinco años consecutivos de residencia en el territorio de la República si, después de haber alcanzado su mayoría de edad, declaran su voluntad de naturalizarse, renuncian expresamente a su nacionalidad de origen o a la que tengan y comprueban que poseen el idioma español y conocimientos básicos de geografía, historia y organización política panameñas.
2. Los extranjeros con tres años consecutivos de residencia en el territorio de la República que tengan hijos nacidos en esta de padre o madre panameños o cónyuge de nacionalidad panameña, si hacen la declaración y presentan la comprobación de que trata el aparte anterior.

3. Los nacidos por nacimiento, de España o de un Estado latinoamericano, si llenan los mismos requisitos que en su país de origen se exigen a los panameños para naturalizarse.

Artículo 11. Son panameños sin necesidad de carta de naturaleza, los nacidos en el extranjero adoptados antes de cumplir siete años por nacionales panameños, si aquellos establecen su domicilio en la República de Panamá y manifiestan su voluntad de acogerse a la nacionalidad panameña a más tardar un año después de su mayoría de edad.

Artículo 12. La Ley reglamentará la naturalización. El Estado podrá negar una solicitud de carta de naturaleza por razones de moralidad, seguridad, salubridad, incapacidad física o mental.

Artículo 13. La nacionalidad panameña de origen o adquirida por el nacimiento no se pierde, pero la renuncia expresa o tácita de ella suspenderá la ciudadanía. La nacionalidad panameña derivada o adquirida por la naturalización se perderá por las mismas causas. La renuncia expresa de la nacionalidad se produce cuando la persona manifiesta por escrito al Ejecutivo su voluntad de abandonarla; y la tácita, cuando se adquiere otra nacionalidad o cuando se entra al servicio de un Estado enemigo.

Artículo 14. La inmigración será regulada por la Ley en atención a los intereses sociales, económicos y demográficos del país.

Artículo 15. Tanto los nacionales como los extranjeros que se encuentren en el territorio de la República, estarán sometidos a la Constitución y a las Leyes.

Artículo 16. Los panameños por naturalización no están obligados a tomar las armas contra su Estado de origen.

Título III. Derechos y deberes individuales y sociales

Capítulo 1.º Garantías fundamentales

Artículo 17. Las autoridades de la República están instituidas para proteger en su vida, honra y bienes a los nacionales dondequiera se encuentren y a los extranjeros que estén bajo su jurisdicción; asegurar la efectividad de los derechos y deberes individuales y sociales, y cumplir y hacer cumplir la Constitución y la Ley.

Artículo 18. Los particulares solo son responsables ante las autoridades por infracción de la Constitución o de la Ley. Los servidores públicos lo son por esas mismas causas y también por extralimitación de funciones o por omisión en el ejercicio de estas.

Artículo 19. No habrá fueros o privilegios personales ni discriminación por razón de raza, nacimiento, clase social, sexo, religión o ideas políticas.

Artículo 20. Los panameños y los extranjeros son iguales ante la Ley, pero esta podrá, por razones de trabajo, de salubridad, moralidad, seguridad pública y economía nacional, subordinar a condiciones especiales o negar el ejercicio de determinadas actividades a los extranjeros en general. Podrán, asimismo, la Ley o las autoridades, según las circunstancias, tomar medidas que afecten exclusivamente a los nacionales de determinados países en caso de guerra o de conformidad con lo que se establezca en tratados internacionales.

Artículo 21. Nadie puede ser privado de su libertad, sino en virtud de mandamiento escrito de autoridad competente, expedido de acuerdo con las formalidades legales y por motivo previamente definido en la Ley. Los ejecutores de dicho mandamiento están obligados a dar copia de él al interesado, si la pidiere. El delincuente sorprendido in fraganti puede ser aprehendido por cualquier persona y debe ser entregado inmediatamente a la autoridad. Nadie puede estar detenido más de veinticuatro horas sin ser puesto a órdenes de la autoridad competente. Los servidores públicos que violen este precepto tienen como sanción la pérdida del empleo, sin perjuicio de las penas que para el efecto establezca la Ley. No hay prisión, detención o arresto por deudas u obligaciones puramente civiles.

Artículo 22. Toda persona detenida debe ser informada inmediatamente y en forma que le sea comprensible, de las razones de su detención y de sus derechos constitucionales y legales correspondientes. Las personas acusadas de haber cometido un delito tienen derecho a que se presuma su inocencia mientras no se pruebe su culpabilidad en juicio público que le haya asegurado todas las garantías establecidas para su defensa. Quien sea detenido tendrá derecho, desde ese momento, a la asistencia de un abogado en las diligencias policiales y judiciales. La Ley reglamentará esta materia.

Artículo 23. Todo individuo detenido fuera de los casos y la forma que prescriben esta Constitución y la Ley, será puesto en libertad a petición suya o de otra persona, mediante el recurso de habeas corpus que podrá ser interpuesto inmediatamente después de la detención y sin consideración de la pena aplicable. El recurso se tramitará con prelación a otros casos pendientes mediante procedimiento sumarísimo, sin que el trámite pueda ser suspendido por razón de horas o días inhábiles.

Artículo 24. El Estado no podrá extraditar a sus nacionales; ni a los extranjeros por delitos políticos.

Artículo 25. Nadie está obligado a declarar en asunto criminal, correccional o de policía, contra sí mismo, su cónyuge o sus parientes dentro del cuarto grado de consanguinidad o segundo de afinidad.

Artículo 26. El domicilio o residencia son inviolables. Nadie puede entrar en ellos sin el consentimiento de su dueño, a no ser por mandato escrito de autoridad competente y para fines específicos, o para socorrer a víctimas de crímenes o desastres. Los servidores públicos de trabajo, de seguridad social y de sanidad pueden practicar, previa identificación, visitas domiciliarias o de inspección, a los sitios de trabajo con el fin de velar por el cumplimiento de las Leyes sociales y de salud pública.

Artículo 27. Toda persona puede transitar libremente por el territorio nacional y cambiar de domicilio o de residencia sin más limitaciones que las que impongan las Leyes o reglamentos de tránsito, fiscales, de salubridad y de inmigración.

Artículo 28. El sistema penitenciario se funda en principios de seguridad, rehabilitación y defensa social. Se prohibe la aplicación de medidas que lesionen la integridad física, mental o moral de los detenidos. Se establecerá la capacitación de los detenidos en oficios que les permitan reincorporarse útilmente a la sociedad. Los detenidos menores de edad estarán sometidos a un régimen especial de custodia, protección y educación.

Artículo 29. La correspondencia y demás documentos privados son inviolables y no pueden ser ocupados o examinados sino por disposición de autoridad competente, para fines específicos y mediante formalidades legales. En todo caso se guardará reserva sobre los asuntos ajenos al objeto de la ocupación o del examen. Igualmente, las comunicaciones telefónicas privadas son inviolables y no podrán ser interceptadas. El registro de papeles se practicará siempre en presencia del interesado o de una persona de su familia o, en su defecto, de dos vecinos honorables del mismo lugar.

Artículo 30. No hay pena de muerte, de expatriación, ni de confiscación de bienes.

Artículo 31. Solo serán penados los hechos declarados punibles por Ley anterior a su perpetración y exactamente aplicable al acto imputado.

Artículo 32. Nadie será juzgado sino por autoridad competente y conforme a los trámites legales, ni más de una vez por la misma causa penal, policiva o disciplinaria.

Artículo 33. Pueden penar sin juicio previo, en los casos dentro de los precisos términos de la Ley:

1. Los servidores públicos que ejerzan mando y jurisdicción, quienes pueden imponer multas o arrestos a cualquiera que los ultraje o falte al respeto en el acto en que estén desempeñando las funciones de su cargo o con motivo del desempeño de las mismas.

2. Los Jefes de la Fuerza Pública, quienes pueden imponer penas de arresto a sus subalternos para contener una insubordinación, un motín o por falta disciplinaria.

3. Los capitanes de buques o aeronaves quienes estando fuera de puerto tienen facultad para contener una insubordinación o motín o mantener el orden a bordo, y para detener provisionalmente a cualquier delincuente real o presunto.

Artículo 34. En caso de infracción manifiesta de un precepto constitucional o legal, en detrimento de alguna persona, el mandato superior no exime de responsabilidad al agente que lo ejecuta. Se exceptúan los miembros de la Fuerza Pública cuando estén en servicio, en cuyo caso la responsabilidad recae únicamente sobre el superior jerárquico que imparta la orden.

Artículo 35. Es libre la profesión de todas las religiones así como el ejercicio de todos los cultos, sin otra limitación que el respeto a la moral cristiana y al orden público. Se reconoce que la religión católica es la de la mayoría de los panameños.

Artículo 36. Las asociaciones religiosas tienen capacidad jurídica y ordenan y administran sus bienes dentro de los límites señalados por la Ley, lo mismo que las demás personas jurídicas.

Artículo 37. Toda persona puede emitir libremente su pensamiento de palabra, por escrito o por cualquier otro medio, sin sujeción a censura previa; pero existen las responsabilidades legales cuando por alguno de estos medios se atente contra la reputación o la honra de las personas o contra la seguridad social o el orden público.

Artículo 38. Los habitantes de la República tienen el derecho de reunirse pacíficamente y sin armas para fines lícitos. Las manifestaciones o reuniones al aire libre no están sujetas a permiso y solo se requiere para efectuarlas aviso previo a la autoridad administrativa local, con anticipación de veinticuatro horas. La autoridad puede tomar medidas de policía para prevenir o reprimir abusos en el ejercicio de este derecho, cuando la forma en que se ejerza cause o pueda causar perturbación del tránsito, alteración del orden público o violación de derechos de tercero.

Artículo 39. Es permitido formar compañías, asociaciones y fundaciones que no sean contrarias a la moral o al orden legal, las cuales pueden obtener su reconocimiento como personas jurídicas. No se otorgará reconocimiento a las asociaciones inspiradas en ideas o teorías basadas en la pretendida superioridad de una raza o de un grupo étnico, o que justifiquen o promuevan la discriminación racial. La capacidad, el reconocimiento y el régimen de las sociedades y demás personas jurídicas se determinarán por la Ley panameña.

Artículo 40. Toda persona es libre de ejercer cualquier profesión u oficio sujeta a los reglamentos que establezca la Ley en lo relativo a idoneidad, moralidad, previsión y seguridad sociales, colegiación, salud pública, sindicación y cotizaciones obligatorias. No se establecerá impuesto o contribución para el ejercicio de las profesiones liberales o de los oficios y las artes.

Artículo 41. Toda persona tiene derecho a presentar peticiones y quejas respetuosas a los servidores públicos por motivos de interés social o particular, y el de obtener pronta resolución. El servidor público ante quien se presente una petición, consulta o queja deberá resolver dentro del término de treinta días. La Ley señalará las sanciones que corresponden a la violación de esta norma.

Artículo 42. Los Ministros de los cultos religiosos, además de las funciones inherentes a su misión, solo podrán ejercer los cargos públicos que se relacionen con la asistencia social, la educación o la investigación científica.

Artículo 43. Las Leyes no tienen efecto retroactivo, excepto las de orden público o de interés social cuando en ellas así se exprese. En materia criminal la Ley favorable al reo tiene siempre preferencia y retroactividad, aun cuando hubiese sentencia ejecutoria.

Artículo 44. Se garantiza la propiedad privada adquirida con arreglo a la Ley por personas jurídicas o naturales.

Artículo 45. La propiedad privada implica obligaciones para su dueño por razón de la función social que debe llenar. Por motivos de utilidad pública o de interés social definidos en la Ley, puede haber expropiación mediante juicio especial e indemnización.

Artículo 46. Cuando de la aplicación de una Ley expedida por motivos de utilidad pública o de interés social, resultaren en conflicto los derechos de particulares con la necesidad reconocida por la misma Ley, el interés privado deberá ceder al interés público o social.

Artículo 47. En caso de guerra, de grave perturbación del orden público o de interés social urgente, que exijan medidas rápidas, el Ejecutivo puede decretar la expropiación u ocupación de la propiedad privada. Cuando fuese factible la devolución del objeto ocupado, la ocupación será solo por el tiempo que duren las circunstancias que la hubieren causado. El Estado es siempre responsable por toda expropiación que así lleve a cabo el Ejecutivo y por los daños y perjuicios causados por la ocupación, y pagará su valor cuando haya cesado el motivo determinante de la expropiación u ocupación.

Artículo 48. Nadie está obligado a pagar contribución ni impuesto, que no estuvieren legalmente establecidos y cuya cobranza no se hiciere en la forma prescrita por las Leyes.

Artículo 49. Todo autor, artista o inventor goza de la propiedad exclusiva de su obra o invención, durante el tiempo y en la forma que establezca la Ley.

Artículo 50. Toda persona contra la cual se expida o se ejecute, por cualquier servidor público, una orden de hacer o de no hacer, que viole los derechos y garantías que esta Constitución consagra, tendrá derecho a que la orden sea revocada a petición suya o de cualquier persona. El recurso de amparo de garantías constitucionales a que este **Artículo** se refiere, se tramitará mediante procedimiento sumario y será de competencia de los tribunales judiciales.

Artículo 51. En caso de guerra exterior o de perturbación interna que amenace la paz y el orden público, se podrá declarar en estado de urgencia toda la República o parte de ella y suspender temporalmente, de modo parcial o total, los efectos de los artículos 21, 22, 23, 20, 27, 29, 37, 38 y 44 de la Constitución. El estado de urgencia y la suspensión de los efectos de las normas constitucionales citadas serán declarados por el Órgano Ejecutivo mediante decreto acordado en Consejo de Gabinete. El Órgano Legislativo, por derecho propio o a instancia del Presidente de la República, deberá conocer de la declaratoria del estado referido si el mismo se prolonga por más de diez días y confirmar o revocar, total o parcialmente, las decisiones adoptadas por el Consejo de Gabinete, relacionadas con el estado de urgencia. Al cesar la causa que haya motivado la declaratoria del estado de urgencia, el Órgano Legislativo, si estuviese reunido, o, si no lo estuviere, el Consejo de Gabinete levantará el estado de urgencia.

Capítulo 2.º La familia

Artículo 52. El Estado protege el matrimonio, la maternidad y la familia. La Ley determinará lo relativo al estado civil. El Estado protegerá la salud física, mental y moral de los menores y garantizará el derecho de estos a la alimentación, la salud, la educación y la seguridad y previsión sociales. Igualmente tendrán derecho a esta protección los ancianos y enfermos desvalidos.

Artículo 53. El matrimonio es el fundamento legal de la familia, descansa en la igualdad de derechos de los cónyuges y puede ser disuelto de acuerdo con la Ley.

Artículo 54. La unión de hecho entre personas legalmente capacitadas para contraer matrimonio, mantenida durante cinco años consecutivos en condiciones de singularidad y estabilidad, surtirá todos los efectos del matrimonio civil. Para este fin bastará que las partes interesadas soliciten conjuntamente al Registro Civil la inscripción del matrimonio de hecho, el cual podrá tramitarse por intermedio de los Corregidores. Cuando no se haya efectuado esa solicitud el matrimonio podrá comprobarse, para los efectos de la reclamación de sus derechos, por uno de los cónyuges u otro interesado, mediante los trámites que determine la Ley. Podrán, no obstante, oponerse a que se haga la inscripción o impugnarla después de hecha el Ministerio Público en interés de la moral y de la Ley, o los terceros que aleguen derechos susceptibles de ser afectados por la inscripción, si la declaración fuere contraria a la realidad de los hechos.

Artículo 55. La patria potestad es el conjunto de deberes y derechos que tienen los padres en relación con los hijos. Los padres están obligados a alimentar, educar y proteger a sus hijos para que obtengan una buena crianza y un adecuado desarrollo físico y espiritual, y estos a respetarlos y asistirlos. La Ley regulará el ejercicio de la patria potestad de acuerdo con el interés social y el beneficio de los hijos.

Artículo 56. Los padres tienen para con sus hijos habidos fuera del matrimonio los mismos deberes que respeto de los nacidos en él. Todos los hijos son iguales ante la Ley y tienen el mismo derecho hereditario en las sucesiones intestadas. La Ley reconocerá los derechos de los hijos menores o inválidos y de los padres desvalidos en las sucesiones testadas.

Artículo 57. La Ley regulará la investigación de la paternidad. Queda abolida toda calificación sobre la naturaleza de la filiación. No se consignará declaración alguna que establezca diferencia en los nacimientos o sobre el estado civil de los padres en las actas de inscripción de aquellos, ni en ningún atestado, partida de bautismo o certificado referente a la filiación. Se concede facultad al padre del hijo nacido con anterioridad a la vigencia de esta Constitución para ampararlo con lo dispuesto en este **Artículo**, mediante la rectificación de cualquier acta o atestado en los cuales se halle establecida clasificación alguna con respecto a dicho hijo. No se requiere para esto el consentimiento de la madre. Si el hijo es mayor de edad, este debe otorgar su consentimiento. En los actos de simulación de paternidad, podrá objetar esta medida quien se encuentre legalmente afectado por el acto. La Ley señalará el procedimiento.

Artículo 58. El Estado velará por el mejoramiento social y económico de la familia y organizará el patrimonio familiar determinando la naturaleza y cuantía de los bienes que deban constituirlo, sobre la base de que es inalienable e inembargable.

Artículo 59. El Estado creará un organismo destinado a proteger la familia con el fin de:
1. Promover la paternidad y la maternidad responsables mediante la educación familiar.
2. Institucionalizar la educación de los párvulos en centros especializados para atender a aquellos cuyos padres o tutores así lo soliciten.
3. Proteger a los menores y ancianos, y custodiar y readaptar socialmente a los abandonados, desamparados, en peligro moral o con desajustes de conducta. La Ley organizará y determinará el funcionamiento de la jurisdicción especial de menores la cual, entre otras funciones, conocerá sobre la investigación de la paternidad, el abandono de familia y los problemas de conducta juvenil.

Capítulo 3.º El trabajo

Artículo 60. El trabajo es un derecho y un deber del individuo, y por tanto es una obligación del Estado elaborar políticas económicas encaminadas a promover el pleno empleo y asegurar a todo trabajador las condiciones necesarias a una existencia decorosa.

Artículo 61. A todo trabajador al servicio del Estado o de empresas públicas o privadas o de individuos particulares, se le garantiza su salario o sueldo mínimo. Los trabajadores de las empresas que la Ley determine participarán en las utilidades de las mismas, de acuerdo con las condiciones económicas del país.

Artículo 62. La Ley establecerá la manera de ajustar periódicamente el salario o sueldo mínimo del trabajador, con el fin de cubrir las necesidades normales de su familia, mejorar su nivel de vida, según las condiciones particulares de cada región y de cada actividad económica; podrá determinar asimismo el método para fijar salarios o sueldos mínimos por profesión u oficio. En los trabajos por tarea o pieza, es obligatorio que quede asegurado el salario mínimo por jornada. El mínimo de todo salario o sueldo es inembargable, salvo las obligaciones alimenticias en la forma que establezca la Ley. Son también inembargables los instrumentos de labor de los trabajadores.

Artículo 63. A trabajo igual en idénticas condiciones, corresponde siempre igual salario o sueldo, cualesquiera que sean las personas que lo realicen, sin distinción de sexo, nacionalidad, edad, raza, clase social, ideas políticas o religiosas.

Artículo 64. Se reconoce el derecho de sindicación a los empleadores, asalariados y profesionales de todas clases para los fines de su actividad económica y social. El ejecutivo tendrá un término improrrogable de treinta días para admitir o rechazar la inscripción de un sindicato. La Ley regulará lo concerniente al reconocimiento por el Ejecutivo de los sindicatos, cuya personería jurídica quedará determinada por la inscripción. El Ejecutivo no podrá disolver un sindicato sino cuando se aparte permanentemente de sus fines y así lo declare tribunal competente mediante sentencia firme. Las directivas de estas asociaciones estarán integradas exclusivamente por panameños.

Artículo 65. Se reconoce el derecho de huelga. La Ley reglamentará su ejercicio y podrá someterlo a restricciones especiales en los servicios públicos que ella determine.

Artículo 66. La jornada máxima de trabajo diurno es de ocho horas y la semana laborable hasta de cuarenta y ocho; la jornada máxima nocturna no será mayor de siete horas y las horas extraordinarias serán remuneradas con recargo. La jornada máxima podrá ser reducida hasta a seis horas diarias para los mayores de catorce años y menores de dieciocho. Se prohibe el trabajo a los menores de catorce años y el nocturno a los menores de dieciséis, salvo las excepciones que establezca la Ley. Se prohibe igualmente el empleo de menores hasta de catorce años en calidad de sirvientes domésticos y el trabajo de los menores y de las mujeres en ocupaciones insalubres. Además del descanso semanal, todo trabajador tendrá derecho a vacaciones remuneradas. La Ley podrá establecer el descanso semanal remunerado de acuerdo con las condiciones económicas y sociales del país y el beneficio de los trabajadores.

Artículo 67. Son nulas y, por lo tanto, no obligan a los contratantes, aunque se expresen en un convenio de trabajo o en otro pacto cualquiera, las estipulaciones que impliquen renuncia, disminución, adulteración o dejación de algún derecho reconocido a favor del trabajador. La Ley regulará todo lo relativo al contrato de trabajo.

Artículo 68. Se protege la maternidad de la mujer trabajadora. La que esté en estado de gravidez no podrá ser separada de su empleo público o particular por esta causa. Durante un mínimo de seis semanas precedentes al parto y las ocho que le siguen, gozará de descanso forzoso retribuido del mismo modo que su trabajo y conservará el empleo y todos los derechos correspondientes a su contrato. Al reincorporarse la madre trabajadora a su empleo no podrá ser despedida por el término de un año, salvo en casos especiales previstos en la Ley, la cual reglamentará además, las condiciones especiales de trabajo de la mujer en estado de preñez.

Artículo 69. Se prohibe la contratación de trabajadores extranjeros que puedan rebajar las condiciones de trabajo o las normas de vida del trabajador nacional. La Ley regulará la contratación de Gerentes, Directores Administrativos y Ejecutivos, técnicos y profesionales extranjeros para servicios públicos y privados, asegurando siempre los derechos de los panameños y de acuerdo con el interés nacional.

Artículo 70. Ningún trabajador podrá ser despedido sin justa causa y sin las formalidades que establezca la Ley. Esta señalará las causas justas para el despido, sus excepciones especiales y la indemnización correspondiente.

Artículo 71. El Estado o la empresa privada impartirán enseñanza profesional gratuita al trabajador. La Ley reglamentará la forma de prestar este servicio.

Artículo 72. Se establece la capacitación sindical. Será impartida exclusivamente por el Estado y las organizaciones sindicales panameñas.

Artículo 73. Todas las controversias que originen las relaciones entre el capital y el trabajo, quedan sometidas a la jurisdicción del trabajo, que se ejercerá de conformidad con lo dispuesto por la Ley.

Artículo 74. La Ley regulará las relaciones entre el capital y el trabajo, colocándolas sobre una base de justicia social y fijando una especial protección estatal en beneficio de los trabajadores.

Artículo 75. Los derechos y garantías establecidos en este Capítulo serán considerados como mínimos a favor de los trabajadores.

Capítulo 4.º Cultura nacional

Artículo 76. El Estado reconoce el derecho de todo ser humano a participar en la cultura y por tanto debe fomentar la participación de todos los habitantes de la República en la cultura nacional.

Artículo 77. La cultura nacional está constituida por las manifestaciones artísticas, filosóficas y científicas producidas por el hombre en Panamá a través de las épocas. El Estado promoverá, desarrollará y custodiará este patrimonio cultural.

Artículo 78. El Estado velará por la defensa, difusión y pureza del idioma español.

Artículo 79. El Estado formulará la política científica nacional destinada a promover el desarrollo de la ciencia y la tecnología.

Artículo 80. El Estado reconoce la individualidad y el valor universal de la obra artística; auspiciará y estimulará a los artistas nacionales divulgando sus obras a través de sistemas de orientación cultural y promoverá a nivel nacional el desarrollo del arte en todas sus manifestaciones mediante instituciones académicas, de divulgación y recreación.

Artículo 81. Constituyen el patrimonio histórico de la Nación los sitios y objetos arqueológicos, los documentos, monumentos históricos u otros bienes muebles o inmuebles que sean testimonio del pasado panameño. El Estado decretará la expropiación de los que se encuentren en manos de particulares. La Ley reglamentará lo concerniente a su custodia, fundada en la primacía histórica de los mismos y tomará las providencias necesarias para conciliarla con la factibilidad de programas de carácter comercial, turístico, industrial y de orden tecnológico.

Artículo 82. El Estado fomentará el desarrollo de la cultura física mediante instituciones deportivas, de enseñanza y de recreación que serán reglamentadas por la Ley.

Artículo 83. El Estado reconoce que las tradiciones folklóricas constituyen parte medular de la cultura nacional y por tanto promoverá su estudio, conservación y divulgación, estableciendo su primacía sobre manifestaciones o tendencias que la adulteren.

Artículo 84. Las lenguas aborígenes serán objeto de especial estudio, conservación y divulgación y el Estado promoverá programas de alfabetización bilingüe en las comunidades indígenas.

Artículo 85. Los medios de comunicación social son instrumentos de información, educación, recreación y difusión cultural y científica. Cuando sean usados para la publicidad o la difusión de propaganda, estas no deben ser contrarias a la salud, la moral, la educación, formación cultural de la sociedad y la conciencia nacional. La Ley reglamentará su funcionamiento.

Artículo 86. El Estado reconoce y respeta la identidad étnica de las comunidades indígenas nacionales, realizará programas tendientes a desarrollar los valores materiales, sociales y espirituales propios de cada una de sus culturas y creará una institución para el estudio, conservación, divulgación de las mismas y de sus lenguas, así como para la promoción del desarrollo integral de dichos grupos humanos.

Capítulo 5.º Educación

Artículo 87. Todos tienen el derecho a la educación y la responsabilidad de educarse. El Estado organiza y dirige el servicio público de la educación nacional y garantiza a los padres de familia el derecho de participar en el proceso educativo de sus hijos. La educación se basa en la ciencia, utiliza sus métodos, fomenta su crecimiento y difusión y aplica sus resultados para asegurar el desarrollo de la persona humana y de la familia, al igual que la afirmación y fortalecimiento de la Nación panameña como comunidad cultural y política. La educación es democrática y fundada en principios de solidaridad humana y justicia social.

Artículo 88. La educación debe atender el desarrollo armónico e integral del educando dentro de la convivencia social, en los aspectos físico, intelectual, moral, estético y cívico y debe procurar su capacitación para el trabajo útil en interés propio y en beneficio colectivo.

Artículo 89. Se reconoce que es finalidad de la educación panameña fomentar en el estudiante una conciencia nacional basada en el conocimiento de la historia y los problemas de la patria.

Artículo 90. Se garantiza la libertad de enseñanza y se reconoce el derecho de crear centros docentes particulares con sujeción a la Ley. El Estado podrá intervenir en los establecimientos docentes particulares para que se cumplan en ellos los fines nacionales y sociales de la cultura y la formación intelectual, moral, cívica y física de los educandos. La educación pública es la que imparten las dependencias oficiales y la educación particular es la impartida por las entidades privadas. Los establecimientos de enseñanza, sean oficiales o particulares, están abiertos a todos los alumnos, sin distinción de raza, posición social, ideas políticas, religión o la naturaleza de la unión de sus progenitores o guardadores. La Ley reglamentará tanto la educación pública como la educación particular.

Artículo 91. La educación oficial es gratuita en todos los niveles preuniversitarios. Es obligatorio el primer nivel de enseñanza o educación básica general. La gratuidad implica para el Estado proporcionar al educando todos los útiles necesarios para su aprendizaje mientras completa su educación básica general. La gratuidad de la educación no impide el establecimiento de un derecho de matrícula pagada en los niveles no obligatorios.

Artículo 92. La Ley determinará la dependencia estatal que elaborará y aprobará los planes de estudios, los programas de enseñanza y los niveles educativos, así como la organización de un sistema nacional de orientación educativa, todo ello de conformidad con las necesidades nacionales.

Artículo 93. Se establece la educación laboral, como una modalidad no regular del sistema de educación, con programas de educación básica y capacitación especial.

Artículo 94. Las empresas particulares cuyas operaciones alteren significativamente la población escolar en un área determinada, contribuirán a atender las necesidades educativas de conformidad con las normas oficiales y las empresas urbanizadoras tendrán esta misma responsabilidad en cuanto a los sectores que desarrollen.

Artículo 95. Solo se reconocen los Títulos académicos o profesionales expedidos por el Estado o autorizados por este de acuerdo con la Ley. La Universidad Oficial del Estado fiscalizará a las universidades particulares aprobadas oficialmente para garantizar los títulos que expidan y revalidará los de universidades extranjeras en los casos que la Ley establezca.

Artículo 96. La educación se impartirá en el idioma oficial, pero por motivos de interés público la Ley podrá permitir que en algunos planteles esta se imparta también en idioma extranjero. La enseñanza de la historia de Panamá y de la educación cívica será dictada por panameños.

Artículo 97. La Ley podrá crear incentivos económicos en beneficio de la educación pública y de la educación particular, así como para la edición de obras didácticas nacionales.

Artículo 98. El Estado establecerá sistemas que proporcionen los recursos adecuados para otorgar becas, auxilios u otras prestaciones económicas a los estudiantes que lo merezcan o lo necesiten. En igualdad de circunstancias se preferirá a los económicamente más necesitados.

Artículo 99. La Universidad Oficial de la República es autónoma. Se le reconoce personería jurídica, patrimonio propio y derecho de administrarlo. Tiene facultad para organizar sus estudios y designar y separar su personal en la forma que determine la Ley. Incluirá en sus actividades el estudio de los problemas nacionales así como la difusión de la cultura nacional. Se dará igual importancia a la educación universitaria impartida en los Centros Regionales que a la otorgada en la capital.

Artículo 100. Para hacer efectiva la autonomía económica de la Universidad, el Estado la dotará de lo indispensable para su instalación, funcionamiento y desarrollo futuro, así como del patrimonio de que trata el **Artículo** anterior y de los medios necesarios para acrecentarlo.

Artículo 101. Se reconoce la libertad de cátedra sin otras limitaciones que las que, por razones de orden público, establezca el Estatuto Universitario.

Artículo 102. La excepcionalidad en el estudiante, en todas sus manifestaciones, será atendida mediante educación especial, basada en la investigación científica y orientación educativa.

Artículo 103. Se enseñará la religión católica en las escuelas públicas, pero su aprendizaje y la asistencia a actos de cultos religiosos no serán obligatorios para los alumnos cuando lo soliciten sus padres o tutores.

Artículo 104. El Estado desarrollará programas de educación y promoción para los grupos indígenas ya que poseen patrones culturales propios, a fin de lograr su participación activa en la función ciudadana.

Capítulo 6.º Salud, seguridad social y asistencia social

Artículo 105. Es función esencial del Estado velar por la salud de la población de la República. El individuo, como parte de la comunidad, tiene derecho a la promoción, protección, conservación, restitución y rehabilitación de la salud y la obligación de conservarla, entendida esta como el completo bienestar físico, mental y social.

Artículo 106. En materia de salud, corresponde primordialmente al Estado el desarrollo de las siguientes actividades, integrando las funciones de prevención, curación y rehabilitación:

1. Desarrollar una política nacional de alimentación y nutrición que asegure un óptimo estado nutricional para toda la población, al promover la disponibilidad, el consumo y el aprovechamiento biológico de los alimentos adecuados.

2. Capacitar al individuo y a los grupos sociales, mediante acciones educativas, que difundan el conocimiento de los deberes y derechos individuales y colectivos en materia de salud personal y ambiental.

3. Proteger la salud de la madre, el niño y del adolescente, garantizando una atención integral durante el proceso de gestación, lactancia, crecimiento y desarrollo en la niñez y adolescencia.

4. Combatir las enfermedades transmisibles mediante el saneamiento ambiental, el desarrollo de la disponibilidad de agua potable y adoptar medidas de inmunización, profilaxis y tratamiento, proporcionadas colectiva e individualmente, a toda la población.

5. Crear, de acuerdo con las necesidades de cada región, establecimientos en los cuales se presten servicios de salud integral y suministren medicamentos a toda la población. Estos servicios de salud y medicamentos serán proporcionados gratuitamente a quienes carezcan de recursos económicos

6. Regular y vigilar el cumplimiento de las condiciones de salud y la seguridad que deban reunir los lugares de trabajo, estableciendo una política nacional de medicina e higiene industrial y laboral.

Artículo 107. El Estado deberá desarrollar una política nacional de medicamentos que promueva la producción, disponibilidad, accesibilidad, calidad y control de los medicamentos para toda la población del país.

Artículo 108. Es deber del Estado establecer una política de población que responda a las necesidades del desarrollo social y económico del país.

Artículo 109. Todo individuo tiene derecho a la seguridad de sus medios económicos de subsistencia en caso de incapacidad para trabajar u obtener trabajo retribuido. Los servicios de seguridad social serán prestados o administrados por entidades autónomas y cubrirán los casos de enfermedad, maternidad, invalidez, subsidios de familia, vejez, viudez, orfandad, paro forzoso, accidentes de trabajo, enfermedades profesionales y las demás contingencias que puedan ser objeto de previsión y seguridad sociales. La Ley proveerá la implantación de tales servicios a medida que las necesidades lo exijan. El Estado creará establecimientos de asistencia y de previsión sociales. Son tareas fundamentales de estos la rehabilitación económica y social de los sectores dependientes o carentes de recursos y la atención de los mentalmente incapaces, los enfermos crónicos, los inválidos indigentes y de los grupos que no hayan sido incorporados al sistema de seguridad social.

Artículo 110. El Estado podrá crear fondos complementarios con el aporte y participación de los trabajadores de las empresas públicas y privadas a fin de mejorar los servicios de seguridad social en materia de jubilaciones. La Ley reglamentará esta materia.

Artículo 111. Los sectores gubernamentales de salud, incluyendo sus instituciones autónomas y semiautónomas, intégranse orgánica y funcionalmente. La Ley reglamentará esta materia.

Artículo 112. Las comunidades tienen el deber y el derecho de participar en la planificación, ejecución y evaluación de los distintos programas de salud.

Artículo 113. El Estado establecerá una política nacional de vivienda destinada a proporcionar el goce de este derecho social a toda la población, especialmente a los sectores de menor ingreso.

Capítulo 7.º Régimen ecológico

Artículo 114. Es deber fundamental del Estado garantizar que la población viva en un ambiente sano y libre de contaminación, en donde el aire, el agua y los alimentos satisfagan los requerimientos del desarrollo adecuado de la vida humana.

Artículo 115. El Estado y todos los habitantes del territorio nacional tienen el deber de propiciar un desarrollo social y económico que prevenga la contaminación del ambiente, mantenga el equilibrio ecológico y evite la destrucción de los ecosistemas.

Artículo 116. El Estado reglamentará, fiscalizará y aplicará oportunamente las medidas necesarias para garantizar que la utilización y el aprovechamiento de la fauna terrestre, fluvial y marina, así como de los bosques, tierras y aguas, se lleven a cabo racionalmente, de manera que se evite su depredación y se asegure su preservación, renovación y permanencia.

Artículo 117. La Ley reglamentará el aprovechamiento de los recursos naturales no renovables, a fin de evitar que del mismo se deriven perjuicios sociales, económicos y ambientales.

Capítulo 8.º Régimen agrario

Artículo 118. El Estado prestará atención especial al desarrollo integral del sector agropecuario, fomentará el aprovechamiento óptimo del suelo, velará por su distribución racional y su adecuada utilización y conservación, a fin de mantenerlo en condiciones productivas y garantizará el derecho de todo agricultor a una existencia decorosa.

Artículo 119. El Estado no permitirá la existencia de áreas incultas, improductivas u ociosas y regulará las relaciones de trabajo en el agro, fomentando una máxima productividad y justa distribución de los beneficios de esta.

Artículo 120. El Estado dará atención especial a las comunidades campesinas e indígenas con el fin de promover su participación económica, social y política en la vida nacional.

Artículo 121. El correcto uso de la tierra agrícola es un deber del propietario para con la comunidad y será regulado por la Ley de conformidad con su clasificación ecológica a fin de evitar la subutilización y la disminución de su potencial productivo.

Artículo 122. Para el cumplimiento de los fines de la política agraria, el Estado desarrollará las siguientes actividades:

1. Dotar a los campesinos de las tierras de labor necesarias y regular el uso de las aguas. La Ley podrá establecer un régimen especial de propiedad colectiva para las comunidades campesinas que lo soliciten.

2. Organizar la asistencia crediticia para satisfacer las necesidades de financiamiento de la actividad agropecuaria y, en especial, del sector de escasos recursos y sus grupos organizados y dar atención especial al pequeño y mediano productor.

3. Tomar medidas para asegurar mercados estables y precios equitativos a los productos y para impulsar el establecimiento de entidades, corporaciones y cooperativas de producción, industrialización, distribución y consumo.

4. Establecer medios de comunicación y de transporte para unir las comunidades campesinas e indígenas con los centros de almacenamiento, distribución y consumo.

5. Colonizar nuevas tierras y reglamentar la tenencia y el uso de las mismas y de las que se integren a la economía como resultado de la construcción de nuevas carreteras.

6. Estimular el desarrollo del sector agrario mediante asistencia técnica y fomento de la organización, capacitación, protección, tecnificación y demás formas que la Ley determine.

7. Realizar estudios de la tierra a fin de establecer la clasificación agrológica del suelo panameño. La política establecida para el desarrollo de este Capítulo será aplicable a las comunidades indígenas acuerdo con los métodos científicos de cambio cultural.

Artículo 123. El Estado garantiza a las comunidades indígenas la reserva de las tierras necesarias y la propiedad colectiva de las mismas para el logro de su bienestar económico y social. La Ley regulará los procedimientos que deban seguirse para lograr esta finalidad y las delimitaciones correspondientes dentro de las cuales se prohibe la apropiación privada de tierras.

Artículo 124. Se establece la jurisdicción agraria y la Ley determinará la organización y funciones de sus tribunales.

Título IV. Derechos políticos

Capítulo 1.º De la Ciudadanía

Artículo 125. Son ciudadanos de la República todos los panameños mayores de dieciocho años, sin distinción de sexo.

Artículo 126. Los derechos políticos y la capacidad para ejercer cargos públicos con mando y jurisdicción, se reservan a los ciudadanos panameños.

Artículo 127. El ejercicio de los derechos ciudadanos se suspende:
1. Por la causa expresada en el **Artículo** 13 de esta Constitución.
2. Por pena conforme a la Ley.

Artículo 128. La Ley regulará la suspensión y recobro de la ciudadanía.

Capítulo 2.º El sufragio

Artículo 129. El sufragio es un derecho y un deber de todos los ciudadanos. El voto es libre, igual, universal, secreto y directo.

Artículo 130. Las autoridades están obligadas a garantizar la libertad y honradez del sufragio. Se prohíben:
1. El apoyo oficial directo o indirecto a candidatos a puestos de elección popular, aun cuando fueren velados los medios empleados a tal fin.
2. Las actividades de propaganda y afiliación partidistas en las oficinas públicas.

3. La exacción de cuotas o contribuciones a los empleados públicos para fines políticos, aun a pretexto de que son voluntarias.

4. Cualquier acto que impida o dificulte a un ciudadano obtener, guardar o presentar personalmente su cédula de identidad. La Ley tipificará los delitos electorales y señalará las sanciones respectivas.

Artículo 131. Las condiciones de elegibilidad para ser candidato a cargos de elección popular, por parte de funcionarios públicos, serán definidas en la Ley.

Artículo 132. Los partidos políticos expresan el pluralismo político, concurren a la formación y manifestación de la voluntad popular y son instrumentos fundamentales para la participación política, sin perjuicio de la postulación libre en la forma prevista en la Ley. La Ley reglamentará el reconocimiento y subsistencia de los partidos políticos, sin que, en ningún caso, pueda establecer que el número de los votos necesarios para su subsistencia sea superior al cinco por ciento de los votos válidos emitidos en las elecciones para Presidente, Legisladores o Representantes de Corregimientos, según la votación favorable al partido.

Artículo 133. No es lícita la formación de partidos que tengan por base el sexo, la raza, la religión o que tiendan a destruir la forma democrática de Gobierno.

Artículo 134. Los partidos políticos tendrán derecho, en igualdad de condiciones, al uso de los medios de comunicación social que el Gobierno Central administre y a recabar y recibir informes de todas las autoridades públicas sobre cualquier materia de su competencia, que no se refieran a relaciones diplomáticas reservadas.

Artículo 135. El Estado podrá fiscalizar y contribuir a los gastos en que incurran las personas naturales y los partidos políticos en los procesos electorales. La Ley determinará y reglamentará dichas fiscalizaciones y contribuciones, asegurando la igualdad de erogaciones de todo partido o candidato.

Capítulo 3.º El Tribunal Electoral

Artículo 136. Con el objeto de garantizar la libertad, honradez y eficacia del sufragio popular, establécese un Tribunal autónomo. Se le reconoce personería jurídica, patrimonio propio y derecho de administrarlo. Interpretará y aplicará privativamente la Ley Electoral, dirigirá, vigilará y fiscalizará la inscripción de hechos vitales, defunciones, naturalización y demás hechos y actos jurídicos relacionados con el estado civil de las personas; la expedición de la cédula de identidad personal y las fases del proceso electoral. El Tribunal tendrá jurisdicción en toda la República y se compondrá de tres Magistrados que reúnan los mismos requisitos que se exigen para ser Magistrado de la Corte Suprema de Justicia, los cuales serán designados para un periodo de diez años, así: uno por el Órgano Legislativo, otro por el Órgano Ejecutivo y el tercero por la Corte Suprema de Justicia, entre personas que no formen parte de la autoridad nominadora. Para cada principal se nombrarán en la misma forma dos suplentes, quienes no podrán ser funcionarios del Tribunal Electoral. Los Magistrados del Tribunal Electoral son responsables ante la Corte Suprema de Justicia por las faltas o delitos cometidos en el ejercicio de sus funciones y les son aplicables los artículos 202, 205, 207, 208, 209 y 213 con las sanciones que determine la Ley.

Artículo 137. El Tribunal Electoral tendrá además de las que le confiera la Ley, las siguientes atribuciones que ejercerá privativamente, excepto las consignadas en los numerales 5 y 7:
1. Efectuar las inscripciones de nacimientos, matrimonios, defunciones, naturalizaciones y demás hechos y actos jurídicos relacionados con el estado civil de las personas y hacer las anotaciones procedentes en las respectivas inscripciones.
2. Expedir la cédula de identidad personal.
3. Reglamentar la Ley Electoral, interpretarla y aplicarla y conocer de las controversias que origine su aplicación.
4. Sancionar las faltas y delitos contra la libertad y pureza del sufragio de conformidad con la Ley.

5. Levantar el Censo Electoral.

6. Organizar, dirigir y fiscalizar el registro de electores y resolver las controversias, quejas y denuncias que al respecto ocurrieren.

7. Tramitar los expedientes de las solicitudes de migración y naturalización.

8. Nombrar los miembros de las corporaciones electorales, en las cuales se deberá garantizar la representación de los partidos políticos legalmente constituidos. La Ley reglamentará esta materia. Las decisiones del Tribunal Electoral únicamente son recurribles ante el mismo y una vez cumplidos los trámites de Ley, serán definitivas, irrevocables y obligatorias. Se exceptúa lo referente al recurso de inconstitucionalidad.

Artículo 138. La Fiscalía Electoral es una agencia de instrucción independiente y coadyuvante del Tribunal Electoral. El Fiscal Electoral será nombrado por el Órgano Ejecutivo sujeto a la aprobación del Órgano Legislativo, por un periodo de diez años; deberá llenar los mismos requisitos que para ser Magistrado de la Corte Suprema de Justicia y tendrá iguales restricciones. Sus funciones son:

1. Salvaguardar los derechos políticos de los ciudadanos.

2. Vigilar la conducta oficial de los funcionarios públicos y deberes políticos electorales.

3. Perseguir los delitos y contravenciones electorales.

4. Ejercer las demás funciones que señale la Ley.

Artículo 139. Las autoridades públicas están obligadas a acatar y cumplir las ordenes y decisiones emanadas de los funcionarios de la jurisdicción electoral, prestando a estos la obediencia, cooperación y ayuda que requieran para el desempeño de sus atribuciones. La omisión o negligencia en el cumplimiento de tal obligación será sancionada de acuerdo con lo que disponga la Ley.

Título V. El Órgano Legislativo

Capítulo 1.º Asamblea Legislativa

Artículo 140. El Órgano Legislativo estará constituido por una corporación denominada Asamblea Legislativa cuyos miembros serán elegidos mediante postulación partidista y votación popular directa, conforme esta Constitución lo establece.

Artículo 141. La Asamblea Legislativa se compondrá de los Legisladores que resulten elegidos en cada Circuito Electoral, de conformidad con las bases siguientes:

1. Cada Provincia y la Comarca de San Blas se dividirán en Circuitos Electorales.

2. La Provincia de Darién y la Comarca de San Blas tendrán dos Circuitos Electorales cada una, y en estos se elegirá un Legislador por cada Circuito Electoral.

3. Los actuales Distritos Administrativos que, según el último Censo Nacional de Población, excedan de cuarenta mil habitantes, formarán un Circuito Electoral cada uno y en tales Circuitos se elegirá un Legislador por cada treinta mil habitantes y uno más por residuo que no baje de diez mil. El Distrito de Panamá se dividirá a su vez en cuatro Circuitos Electorales, de conformidad con el numeral cinco de este **Artículo** y según lo disponga la Ley. En los Circuitos Electorales en que debe elegir a dos o más Legisladores, la elección se hará conforme al sistema de representación proporcional que establezca la Ley.

4. Excepto la Provincia de Darién, la Comarca de San Blas y los Distritos Administrativos actuales a que se refiere el numeral tres, anterior, en cada Provincia habrá tantos Circuitos Electorales cuantos correspondan a razón de uno por cada treinta mil habitantes y uno más por residuo que no baje de diez mil, según el último Censo Nacional de Población, previa deducción de la población que corresponde a los actuales Distritos Administrativos de que trata el numeral tres. En cada uno de dichos Circuitos Electorales se elegirá un Legislador.

5. Cada Circuito Electoral tendrá un máximo de cuarenta mil habitantes y un mínimo de veinte mil habitantes, pero la Ley podrá crear Circuitos Electorales que excedan el máximo o reduzcan el mínimo anteriores, para tomar en cuenta las divisiones políticas actuales, la proximidad territorial, la concen-

tración de la población indígena, los lazos de vecindad, las vías de comunicación y los factores históricos y culturales, como criterios básicos para el agrupamiento de la población en Circuitos Electorales.

6. Los partidos políticos que hubieren alcanzado el número de votos exigidos para subsistir como tales, y que no hayan logrado la elección de un Legislador en algún Circuito Electoral, tienen derecho a que se les adjudique un escaño de Legislador. La adjudicación se hará en favor del candidato que hubiere obtenido mayor número de votos para Legislar, dentro de su partido.

7. Únicamente los partidos políticos podrán postular candidatos a Legislador. A cada Legislador corresponde dos suplentes, elegidos de igual modo y el mismo día que aquel, los cuales lo reemplazarán en sus faltas, según el orden de su elección. Después de la primera elección de Legisladores de que trata el presente **Artículo**, la Ley podrá establecer, para la conformación de los Circuitos Electorales, pautas distintas a las contenidas en esta disposición, pero tomando en cuenta, como punto de partida, la estructuración de los Circuitos Electorales, la división política administrativa actual de Distritos.

Artículo 142. Los Legisladores serán elegidos por un periodo de cinco años; el mismo día en que se celebre la elección ordinaria de Presidente y Vicepresidentes de la República.

Artículo 143. La Asamblea Legislativa se reunirá por derecho propio, sin previa convocatoria, en la capital de la República, en sesiones que durarán ocho meses en el lapso de un año, dividido en dos legislaturas ordinarias de cuatro meses cada una. Dichas legislaturas se extenderán del primero de septiembre hasta el treinta y uno de diciembre y del primero de marzo al treinta de junio. También se reunirá la Asamblea Legislativa, en legislatura extraordinaria, cuando sea convocada por el Órgano Ejecutivo y durante el tiempo que este señale, para conocer exclusivamente de los asuntos que dicho Órgano someta a su consideración.

Artículo 144. Los legisladores actuarán en interés de la Nación y representan en la Asamblea Legislativa a sus respectivos partidos políticos y a los electores de su Circuito Electoral.

Artículo 145. Los partidos políticos podrán revocar el mandato de los Legisladores principales o suplentes que hayan postulado, para lo cual cumplirán los siguientes requisitos y formalidades:

1. Las causales de revocatoria y el procedimiento aplicable deberán estar previstos en los Estatutos del Partido.

2. Las causales deberán referirse a violaciones graves de los Estatutos y de la plataforma ideológica, política o programática del Partido y haber sido aprobadas mediante resolución dictada por el Tribunal Electoral con anterioridad a la fecha de la postulación.

3. El afectado tendrá derecho, dentro de su Partido, a ser oído y a defenderse en dos instancias.

4. La decisión del Partido en que se adopte la revocatoria de mandato estará sujeta a recurso del cual conocerá privativamente el Tribunal Electoral y que tendrá efecto suspensivo. Los partidos políticos también podrán revocar el mandato de los Legisladores principales y suplentes que hayan renunciado expresamente y por escrito de su partido.

Artículo 146. Se denominarán sesiones judiciales las dedicadas al ejercicio de las atribuciones jurisdiccionales de la Asamblea Legislativa, sea cual fuere el tiempo en que se celebren y la forma como dicha Asamblea Legislativa hubiera sido convocada. Su celebración no alterará la continuidad y la duración de una legislatura, y solo terminarán cuando la Asamblea hubiese fallado la causa pendiente. Para ejercer funciones jurisdiccionales, la Asamblea Legislativa podrá reunirse por derecho propio, sin previa convocatoria.

Artículo 147. Para ser Legislador se requiere:

1. Ser panameño por nacimiento, o por naturalización con quince años de residencia en el país después de haber obtenido la nacionalización.

2. Ser ciudadano en ejercicio.

3. Haber cumplido por lo menos veintiún años de edad en la fecha de la elección.

4. No haber sido condenado por el Órgano Judicial por delito contra la administración pública con pena privativa de la libertad, o por el Tribunal Electoral por delito contra la libertad y pureza del sufragio.

5. Ser residente del Circuito Electoral correspondiente por lo menos durante el año inmediatamente anterior a la postulación.

Artículo 148. Los miembros de la Asamblea Legislativa no son legalmente responsables por las opiniones y votos que emitan en el ejercicio de su cargo.

Artículo 149. Cinco días antes del periodo de cada legislatura, durante esta y hasta cinco días después, los miembros de la Asamblea Legislativa gozarán de inmunidad. En dicho periodo no podrán ser perseguidos ni detenidos por causas penales o policivas, sin previa autorización de la Asamblea Legislativa. Esta inmunidad no surte efecto cuando el Legislador renuncie a la misma o en caso de flagrante delito. El Legislador podrá ser demandado civilmente, pero no podrán decretarse secuestros u otras medidas cautelares sobre su patrimonio, desde el día de su elección hasta el vencimiento de su periodo.

Artículo 150. Los Legisladores principales y suplentes, cuando estos últimos estén ejerciendo el cargo, no podrán aceptar ningún empleo público remunerado. Si lo hicieren, se producirá la vacante absoluta del cargo de Legislador principal o suplente, según sea el caso. Se exceptúan los nombramientos de Ministro, Viceministro, Director General o Gerente de entidades autónomas o semiautónomas y Agentes Diplomáticos, cuya aceptación solo produce vacante transitoria por el tiempo en que se desempeñe el cargo. El ejercicio de los cargos de maestro o profesor en centros de educación oficial o particular es compatible con la calidad de Legislador.

Artículo 151. Los Legisladores devengarán los emolumentos que señale la Ley, los cuales serán imputables al Tesoro Nacional, pero su aumento solo será efectivo después de terminar el periodo de la Asamblea Legislativa que lo hubiere aprobado.

Artículo 152. Los Legisladores no podrán hacer por sí mismos, ni por interpuestas personas, contrato alguno con Órganos del Estado o con instituciones o empresas vinculadas a este, ni admitir de nadie poder para gestionar negocios ante esos Órganos, instituciones o empresas. Quedan exceptuados los casos siguientes:

1. Cuando el Legislador hace uso personal o profesional de servicios públicos o efectúe operaciones corrientes de la misma índole con instituciones o empresas vinculadas al Estado.

2. Cuando se trate de contratos celebrados con cualesquiera de los Órganos o entidades mencionados en este **Artículo**, mediante licitación, por sociedades que no tengan el carácter de anónimas y de las cuales sea socio un Legislador, siempre que la participación de este en aquellas sea de fecha anterior a su elección para el cargo.

3. Cuando, mediante licitación o sin ella, celebran contratos con tales Órganos o entidades, sociedades anónimas de las cuales no pertenezca un total de más del veinte por ciento de acciones del capital social, a uno o más Legisladores.

4. Cuando el Legislador actúe en ejercicio de la profesión de abogado, fuera del periodo de sesiones o dentro de este, mediante licencia. En los casos de los numerales uno, dos y tres de este **Artículo**, el Legislador perderá inmunidad para todo lo que se relacione con tales contratos o gestiones.

Artículo 153. La función legislativa es ejercida por medio de la Asamblea Legislativa y consiste en expedir las Leyes necesarias para el cumplimiento de los fines y el ejercicio de las funciones del Estado declarados en esta Constitución y en especial para lo siguiente:

1. Expedir, modificar, reformar o derogar los Códigos Nacionales.

2. Expedir la Ley general de sueldos propuesta por el Órgano Ejecutivo.

3. Aprobar o desaprobar, antes de su ratificación, los tratados y los convenios internacionales que celebre el Órgano Ejecutivo.

4. Intervenir en la aprobación del Presupuesto del Estado, según se establece en el Título IX de esta Constitución.

5. Declarar la guerra y facultar al Órgano Ejecutivo para concertar la paz.

6. Decretar amnistía por delitos políticos.

7. Establecer o reformar la división política del territorio nacional.

8. Determinar la ley, el peso, valor, forma, tipo y denominación de la moneda nacional.

9. Disponer sobre la aplicación de los bienes nacionales a usos públicos.

10. Establecer impuestos y contribuciones nacionales, rentas y monopolios oficiales para atender los servicios públicos.

11. Dictar las normas generales o específicas a las cuales deben sujetarse el Órgano Ejecutivo, las entidades autónomas y semiautónomas, las empresas estatales y mixtas cuando, con respecto a estas últimas, el Estado tenga su control administrativo, financiero o accionario, para los siguientes efectos: negociar y contratar empréstitos; organizar el crédito público; reconocer la deuda nacional y arreglar su servicio; fijar y modificar los aranceles, tasas y demás disposiciones concernientes al régimen de aduanas.

12. Determinar, a propuesta del Órgano Ejecutivo, la estructura de la administración nacional mediante la creación de Ministerios, Entidades Autónomas, Semiautónomas, Empresas Estatales y demás establecimientos públicos, y distribuir entre ellos las funciones y negocios de la Administración, con el fin de asegurar la eficacia de las funciones administrativas.

13. Organizar los servicios públicos establecidos en esta Constitución; expedir o autorizar la expedición del Pacto Social y los Estatutos de las sociedades de economía mixta y las Leyes orgánicas de las empresas industriales o comerciales del Estado, así como dictar las normas correspondientes a las carreras previstas en el Título XI.

14. Decreto las normas relativas a la celebración de contratos en los cuales sea parte o tenga interés el Estado o algunas de sus entidades o empresas.

15. Aprobar o improbar los contratos en los cuales sea parte o tenga interés el Estado o alguna de sus entidades o empresas, si su celebración no estuviere reglamentada previamente conforme al numeral catorce o si algunas estipulaciones contractuales no estuvieren ajustadas a la respectiva Ley de autorizaciones.

16. Conceder al Órgano Ejecutivo, cuando este lo solicite, y siempre que la necesidad lo exija, facultades extraordinarias precisas, que serán ejercidas, durante el receso de la Asamblea Legislativa, mediante Decretos-Leyes. La Ley en que se confieran dichas facultades expresará específicamente

la materia y los fines que serán objeto de los Decretos-Leyes y no podrá comprender las materias previstas en los numerales tres, cuatro y diez de este **Artículo**, ni el desarrollo de las garantías fundamentales, el sufragio, el régimen de los partidos y la tipificación de delitos y sanciones. La Ley de facultades extraordinarias expira al iniciarse la legislatura ordinaria subsiguiente. Todo Decreto-Ley que el Ejecutivo expida en el ejercicio de las facultades que se le confieren deberá ser sometido al Órgano Legislativo para que legisle sobre la materia en la legislatura ordinaria inmediatamente siguiente a la promulgación del Decreto-Ley de que se trate. El Órgano Legislativo podrá en todo tiempo y a iniciativa propia, derogar, modificar o adicionar sin limitación de materias los Decretos-Leyes así dictados.

17. Dictar el Reglamento Orgánico de su régimen interno.

Artículo 154. Son funciones judiciales de la Asamblea Legislativa:

1. Conocer de las acusaciones o denuncias que se presenten contra el Presidente de la República y los Magistrados de la Corte Suprema de Justicia; juzgarlos, si a ello hubiere lugar, por actos ejecutados en el ejercicio de sus funciones en perjuicio del libre funcionamiento del poder público o violatorios de la Constitución o las Leyes.

2. Conocer de las acusaciones o denuncias que se presenten contra los miembros de la Asamblea Legislativa y determinar si hay lugar a formación de causa, caso en el cual autorizará el enjuiciamiento del Legislador de que se trate por el delito que específicamente se le impute.

Artículo 155. Son funciones administrativas de la Asamblea Legislativa:

1. Examinar las credenciales de sus propios miembros y decidir si han sido expedidas en la forma que prescribe la Ley.

2. Admitir o rechazar la renuncia del Presidente y de los Vicepresidentes de la República.

3. Conceder licencia al Presidente de la República cuando se la solicite y autorizarlo para ausentarse del territorio nacional, conforme a lo dispuesto en esta Constitución.

4. Aprobar o improbar los nombramientos de los Magistrados de la Corte Suprema de Justicia, del Procurador General de la Nación, del Procurador

de la Administración y los demás que haga el Ejecutivo y que por disposición de esta Constitución o de la Ley requieran la ratificación de la Asamblea Legislativa.

5. Nombrar al Contralor General de la República y al Subcontralor de la República, al Magistrado del Tribunal Electoral y a su suplente que le corresponda conforme a esta Constitución.

6. Nombrar, con sujeción a lo previsto en esta Constitución y el Reglamento Interno, las Comisiones permanentes de la Asamblea Legislativa y las Comisiones de Investigación sobre cualquier asunto de interés público, para que informen al pleno a fin de que dicte las medidas que considera apropiadas.

7. Dar votos de censura contra los Ministros de Estado cuando estos, a juicio de la Asamblea Legislativa, sean responsables de actos atentatorios o ilegales, o de errores graves que hayan causado perjuicio a los intereses del Estado. Para que el voto de censura sea exequible se requiere que sea propuesto por escrito con seis días de anticipación a su debate, por no menos de la mitad de los Legisladores, y aprobado con el voto de las dos terceras partes de la Asamblea.

8. Examinar y aprobar o deslindar responsabilidades sobre la Cuenta General del Tesoro que el Ejecutivo le presente, con el concurso del Contralor General de la República.

9. Citar o requerir a los funcionarios que nombre o ratifique el Órgano Legislativo, a los Ministros de Estado, a los Directores Generales o Gerentes de todas las entidades autónomas, semiautónomas, organismos descentralizados, empresas industriales o comerciales del Estado, así como a los de las empresas mixtas a las que se refiere el numeral once del **Artículo** 153, para que rindan los informes verbales o escritos sobre las materias propias de su competencia, que la Asamblea Legislativa requiera para el mejor desempeño de sus funciones o para conocer los actos de la Administración, salvo lo dispuesto en el **Artículo** 157, numeral 7. Cuando los informes deban ser verbales, las citaciones se harán con anticipación no menor de cuarenta y ocho horas y formularse en cuestionario escrito y específico. Los funcionarios que hayan de rendir el informe deberán concurrir y ser oídos en la sesión para la cual fueron citados, sin perjuicio de que el debate continúe en sesiones

posteriores por decisión de la Asamblea Legislativa. Tal debate no podrá extenderse a asuntos ajenos al cuestionario específico.

10. Rehabilitar a los que hayan perdido derechos inherentes a la ciudadanía.

11. Aprobar, reformar o derogar el decreto de estado de urgencia y la suspensión de las garantías constitucionales, conforme a lo dispuesto en esta Constitución.

Artículo 156. Todas las Comisiones de la Asamblea Legislativa serán elegidas por esta mediante un sistema que garantice la representación proporcional de la minoría.

Artículo 157. Es prohibido a la Asamblea Legislativa:

1. Expedir Leyes que contraríen la letra o el espíritu de esta Constitución.

2. Inmiscuirse por medio de resoluciones en asuntos que son de la privativa competencia de los otros Órganos del Estado.

3. Reconocer a cargo del Tesoro Público indemnizaciones que no hayan sido previamente declaradas por las autoridades competentes y votar partidas para pagar becas, pensiones, jubilaciones, gratificaciones o erogaciones que no hayan sido decretadas conforme a las Leyes generales preexistentes.

4. Decretar actos de proscripción o de persecución contra personas o corporaciones.

5. Incitar o compeler a los funcionarios públicos para que adopten determinadas medidas.

6. Hacer nombramientos distintos de los que le correspondan de acuerdo con esta Constitución y las Leyes.

7. Exigir al Órgano Ejecutivo comunicación de las instrucciones dadas a los Agentes Diplomáticos o informes sobre negociaciones que tengan carácter reservado.

8. Ordenar o autorizar otras partidas y programas no previstos en el Presupuesto General del Estado, salvo en casos de emergencia así declarados expresamente por el Órgano Ejecutivo.

9. Delegar cualquiera de las funciones que le correspondan, salvo lo previsto en el numeral 16 del **Artículo** 153.

10. Dar votos de aplausos o de censura respecto de actos del Presidente de la República.

Capítulo 2.º Formación de las Leyes

Artículo 158. Las Leyes tienen su origen en la Asamblea Legislativa y se dividen así: a. Orgánicas, las que se expidan en cumplimiento de los numerales 1, 2, 3, 4, 7, 8, 9, 10, 11, 12, 13, 14, 15 y 16 del **Artículo** 153. b. Ordinarias, las que se expidan en relación con los demás numerales de dicho **Artículo**.

Artículo 159. Las Leyes serán propuestas: a. Cuando sean orgánicas:
1. Por Comisiones permanentes de la Asamblea Legislativa.
2. Por los Ministros de Estado, en virtud de autorización del Consejo de Gabinete.
3. Por la Corte Suprema de Justicia, el Procurador General de la Nación y el Procurador de la Administración, siempre que se trate de la expedición o reformas de los Códigos Nacionales. b. Cuando sean ordinarias, por cualquier miembro de la Asamblea Legislativa, Ministros de Estado o los Presidentes de los Concejos Provinciales, en virtud de autorización del Consejo de Gabinete y del Concejo Provincial respectivamente. Todos los funcionarios antes mencionados tendrán derecho a voz en las sesiones de la Asamblea Legislativa. En el caso de los Presidentes de los Concejos Provinciales, los mismos tendrán derecho a voz cuando se trate de proyectos de Leyes presentados por estos. Las Leyes orgánicas necesitan para su expedición del voto favorable en segundo y tercer debates, de la mayoría absoluta de los miembros de la Asamblea Legislativa. Las ordinarias solo requerirán la aprobación de la mayoría de los Legisladores asistentes a las sesiones correspondientes.

Artículo 160. Ningún proyecto será Ley de la República si no ha sido aprobado por la Asamblea Legislativa en tres debates, en días distintos y sancionado por el Ejecutivo en la forma que dispone esta Constitución . Es primer debate de todo proyecto de Ley el que se le da en la Comisión de que trata el **Artículo** anterior. Un proyecto de Ley puede pasar a segundo debate cuando la mayoría de la Asamblea Legislativa, a solicitud de uno de sus miembros, revocare el dictamen de la Comisión y diere su aprobación al proyecto.

Artículo 161. Todo proyecto de Ley que no haya sido presentado por una de las Comisiones será pasado por el Presidente de la Asamblea Legislativa a una Comisión ad-hoc para que lo estudie y discuta dentro de un término prudencial.

Artículo 162. Aprobado un proyecto de Ley pasará al Ejecutivo, y si este lo sancionare, lo mandará a promulgar como Ley. En caso contrario, lo devolverá con objeciones a la Asamblea Legislativa.

Artículo 163. El Ejecutivo dispondrá de un término máximo de treinta días hábiles para devolver con objeciones cualquier proyecto. Si el Ejecutivo una vez transcurrido el indicado término no hubiese devuelto el proyecto con objeciones no podrá dejar de sancionarlo y hacerlo promulgar.

Artículo 164. El proyecto de Ley objetado en su conjunto por el Ejecutivo, volverá a la Asamblea Legislativa, a tercer debate. Si lo fuere solo en parte, volverá a segundo, con el único fin de considerar las objeciones formuladas. Si consideradas por la Asamblea Legislativa las objeciones el proyecto fuere aprobado por los dos tercios de los Legisladores que componen la Asamblea Legislativa, el Ejecutivo lo sancionará y hará promulgar sin poder presentar nuevas objeciones. Si no obtuviere la aprobación de este número de Legisladores, el proyecto quedará rechazado.

Artículo 165. Cuando el Ejecutivo objetare un proyecto por inexequible y la Asamblea Legislativa, por la mayoría expresada, insistiere en su adopción, aquel lo pasará a la Corte Suprema de Justicia para que decida sobre su inconstitucionalidad. El fallo de la Corte que declare el proyecto constitucional, obliga al Ejecutivo a sancionarlo y hacerlo promulgar.

Artículo 166. Si el Ejecutivo no cumpliere con el deber de sancionar y de hacer promulgar las Leyes, en los términos y según las condiciones que este Título establece, las sancionará y hará promulgar el Presidente de la Asamblea Legislativa.

Artículo 167. Toda Ley será promulgada dentro de los seis días hábiles que siguen al de su sanción y comenzará a regir desde su promulgación, salvo que ella misma establezca que rige a partir de una fecha posterior. La promulgación extemporánea de una Ley no determina su inconstitucionalidad.

Artículo 168. Las Leyes podrán ser motivadas y al texto de ellas procederá la siguiente fórmula: LA ASAMBLEA LEGISLATIVA DECRETA:

Artículo 169. Los proyectos de Ley que queden pendientes en un periodo de sesiones, solo podrán ser considerados como proyectos nuevos.

Título VI. El Órgano Ejecutivo

Capítulo 1.º Presidente y Vicepresidentes de la República

Artículo 170. El Órgano Ejecutivo está constituido por el Presidente de la República y los Ministros de Estado, según las normas de esta Constitución.

Artículo 171. El Presidente de la República ejerce sus funciones por sí solo, o con la participación del Ministro del ramo respectivo, o con la de todos los Ministros en Consejo de Gabinete, o en cualquier otra forma que determine esta Constitución.

Artículo 172. El Presidente de la República será elegido por sufragio popular directo y por mayoría de votos para un periodo de cinco años. Con el Presidente de la República serán elegidos de la misma manera y por igual periodo un Primer Vicepresidente y un Segundo Vicepresidente, quienes reemplazarán al Presidente en sus faltas, conforme a lo prescrito en los artículos 182, 183 y 184 de esta Constitución.

Artículo 173. Los ciudadanos que hayan sido elegidos Presidente o Vice-presidentes de la República no podrán ser reelegidos para el mismo cargo en los dos periodos presidenciales inmediatamente siguientes.

Artículo 174. Para ser Presidente o Vicepresidente de la República se requiere:
1. Ser panameño por nacimiento.
2. Haber cumplido treinta y cinco años de edad.

Artículo 175. No podrán ser elegidos Presidente ni Vicepresidentes de la República quienes hayan sido condenados por el Órgano Judicial en razón de delito contra la administración pública.

Artículo 176. El Presidente y los Vicepresidentes de la República tomarán posesión de sus respectivos cargos ante la Asamblea Legislativa el día primero de septiembre siguiente al de su elección y prestarán juramento en estos términos: «Juro a Dios y a la Patria cumplir fielmente la Constitución y las Leyes de la República»: El ciudadano que no profese creencia religiosa podrá prescindir de la invocación a Dios en su juramento.

Artículo 177. Si por cualquier motivo el Presidente o los Vicepresidentes de la República no pudieren tomar posesión ante la Asamblea Legislativa, lo harán ante la Corte Suprema de Justicia; si no fuere posible, ante un Notario Público y, en defecto de este, ante dos testigos hábiles.

Artículo 178. Son atribuciones que ejerce por sí solo el Presidente de la República:
1. Nombrar y separar libremente a los Ministros de Estado.
2. Coordinar la labor de administración y los establecimientos públicos.
3. Velar por la conservación del orden público.
4. Adoptar las medidas necesarias para que la Asamblea Legislativa se reúna el día señalado por la Constitución o el Decreto mediante el cual haya sido convocada a sesiones extraordinarias.

5. Presentar al principio de cada legislatura, el primer día de sus sesiones ordinarias, un mensaje sobre los asuntos de la administración.

6. Objetar los proyectos de Leyes por considerarlos inconvenientes o inexequibles.

7. Invalidar las ordenes o disposiciones que dicte un Ministro de Estado en virtud del **Artículo** 181.

8. Las demás que le correspondan de conformidad con la Constitución o la ley.

Artículo 179. Son atribuciones que ejerce el Presidente de la República con la participación del Ministro respectivo:

1. Sancionar y promulgar las Leyes, obedecerlas y velar por su exacto cumplimiento.

2. Nombrar a los Jefes y Oficiales de la Fuerza Pública con arreglo al Escalafón Militar y disponer el uso de la misma.

3. Nombrar y separar libremente a los Gobernadores de las Provincias.

4. Informar al Órgano Legislativo de las vacantes producidas en los cargos que este debe proveer.

5. Vigilar la recaudación y administración de las rentas nacionales.

6. Nombrar, con arreglo a lo dispuesto en el Título XI, a las personas que deban desempeñar cualesquiera cargos o empleos nacionales cuya provisión no corresponda a otro funcionario o corporación.

7. Enviar al Órgano Legislativo, dentro del término establecido en el **Artículo** 267, el proyecto de Presupuesto General del Estado para el año fiscal siguiente, salvo que la fecha de toma de posesión del Presidente de la República coincida con la iniciación de dichas sesiones. En este caso el Presidente de la República deberá hacerlo dentro de los primeros cuarenta días de sesiones de la misma.

8. Celebrar contratos administrativos para la prestación de servicios y ejecución de obras públicas, con arreglo a lo que dispongan esta Constitución y la Ley.

9. Dirigir las relaciones exteriores: celebrar tratados y convenios públicos, los cuales serán sometidos a la consideración del Órgano Legislativo y acreditar y recibir agentes diplomáticos y consulares.

10. Dirigir, reglamentar e inspeccionar los servicios establecidos en esta Constitución.

11. Nombrar a los Jefes, Gerentes y Directores de las entidades públicas autónomas, semiautónomas y de las empresas estatales, según lo dispongan las Leyes respectivas.

12. Decretar indultos por delitos políticos, rebajar penas y conceder libertad condicional a los reos de delitos comunes.

13. Conferir grados militares de acuerdo con las disposiciones legales correspondientes.

14. Reglamentar las Leyes que lo requieran para su mejor cumplimiento, sin apartarse en ningún caso de su texto ni de su espíritu.

15. Conceder a los nacionales que lo soliciten permiso para aceptar cargos de gobiernos extranjeros, en los casos en que sea necesario de acuerdo con la Ley.

16. Ejercer las demás atribuciones que le correspondan de acuerdo con esta Constitución y la Ley.

Artículo 180. Son atribuciones que ejercen los Vicepresidentes de la República.

1. Reemplazar al Presidente de la República, por su orden, en caso de falta temporal o absoluta del Presidente.

2. Asistir con voz, pero sin voto, a las sesiones del Consejo de Gabinete.

3. Asesorar al Presidente de la República en las materias que este determine.

4. Asistir y representar al Presidente de la República en actos públicos y congresos nacionales o internacionales o en misiones especiales que el Presidente les encomiende.

Artículo 181. Los actos del Presidente de la República, salvo los que pueda ejercer por sí solo, no tendrán valor si no son refrendados por el Ministro de Estado respectivo, quien se hace responsable de ellos. Las ordenes y disposiciones que un Ministro de Estado expida por instrucciones del Presidente de la República son obligatorias y solo podrán ser invalidadas por este por ser contrarias a la Constitución o la Ley, sin perjuicio de los recursos a que haya lugar.

Artículo 182. El Presidente y los Vicepresidentes de la República podrán separarse de sus cargos mediante licencia que cuando no excedan de noventa días les será concedida por el Consejo de Gabinete. Para la separación por más de noventa días, se requerirá licencia de la Asamblea Legislativa. Durante el ejercicio de la licencia que se conceda al Presidente de la República para separarse de su cargo, este será reemplazado por el Primer Vicepresidente y, en defecto de este, por el Segundo Vicepresidente. Quien reemplace al Presidente tendrá el Título de Encargado de la Presidencia de la República. Cuando por cualquier motivo las faltas del Presidente no pudieren ser llenadas por los Vicepresidentes, ejercerá la Presidencia uno de los Ministros de Estado, que estos elegirán por mayoría de votos, quien debe cumplir los requisitos necesarios para ser Presidentes de la República, y tendrá el Título de Ministro Encargado de la Presidencia de la República. En los plazos señalados por este **Artículo** y el siguiente se incluirán los días inhábiles.

Artículo 183. El Presidente de la República podrá ausentarse del territorio nacional, en cada ocasión, sin pedir licencia de cargo:
1. Por un periodo máximo hasta de diez días sin necesidad de autorización alguna.
2. Por un periodo que exceda de diez días y no sea mayor de treinta días, con autorización del Consejo de Gabinete.
3. Por un periodo mayor de treinta días, con autorización de la Asamblea Legislativa. Si el Presidente se ausentare por más de diez días, se encargará de la Presidencia el Primer Vicepresidente, y en defecto de este, el Segundo Vicepresidente. Quien ejerza el cargo tendrá el Título de Encargado de la Presidencia de la República. Si el Segundo Vicepresidente no pudiere encargarse, lo hará uno de los Ministros de Estado, según lo establecido en el **Artículo** 182.

Artículo 184. Por falta absoluta del Presidente de la República, asumirá el cargo el Primer Vicepresidente por el resto del periodo, y en defecto de este, el Segundo Vicepresidente. Cuando el Primer Vicepresidente asuma el cargo de Presidente, el Segundo Vicepresidente pasará a ejercer el cargo de Primer Vicepresidente. Cuando por cualquier motivo la falta absoluta del Presidente no pudiere ser llenada por los Vicepresidentes, ejercerá la Presidencia uno de los Ministros de Estado, que estos elegirán por mayoría de votos, quien debe cumplir con los requisitos necesarios para ser Presidente de la República, y tendrá el Título de Ministro Encargado de la Presidencia de la República. Cuando la falta absoluta del Presidente y de los Vicepresidentes se produjera por lo menos dos años antes de la expiración del periodo presidencial, el Ministro Encargado de la Presidencia convocará a elecciones de Presidente y Vicepresidentes para una fecha no posterior a cuatro meses, de modo que los ciudadanos electos tomen posesión dentro de los seis meses siguientes a la convocatoria, por el resto del periodo. El decreto respectivo será expedido a más tardar ocho días después de la asunción del cargo por dicho Ministro Encargado.

Artículo 185. Los emolumentos que la Ley asigne al Presidente y a los Vicepresidentes de la República podrán ser modificados, pero el cambio entrará a regir en el periodo presidencial siguiente.

Artículo 186. El Presidente y los Vicepresidentes de la República solo son responsables en los casos siguientes:
1. Por extralimitación de sus funciones constitucionales.
2. Por actos de violencia o coacción en el curso del proceso electoral; por impedir la reunión de la Asamblea Legislativa; por obstaculizar el ejercicio de las funciones de esta o de los demás organismos o autoridades públicas que establece la Constitución.
3. Por delitos contra la personalidad internacional del Estado o contra la administración pública. En los dos primeros casos, la pena será de destitución y de inhabilitación para ejercer cargo público por el término que fije la Ley. En el tercer caso, se aplicará el derecho común.

Artículo 187. No podrá ser elegido Presidente de la República:

1. El ciudadano que llamado a ejercer la Presidencia por falta absoluta del titular, la hubiere ejercido en cualquier tiempo durante los tres años inmediatamente anteriores al periodo para el cual se hace la elección.

2. Los parientes dentro del cuarto grado de consanguinidad o segundo de afinidad del Presidente de la República que haya ejercido sus funciones en el periodo inmediatamente anterior a los del ciudadano indicado en el numeral uno de este **Artículo**.

Artículo 188. No podrá ser elegido Vicepresidente de la República:

1. El Presidente de la República que hubiere desempeñado sus funciones en cualquier tiempo, cuando la elección del Vicepresidente de la República sea para el periodo siguiente al suyo.

2. Los parientes dentro del cuarto grado de consanguinidad o segundo de afinidad del Presidente de la República, para el periodo que sigue a aquel en que el Presidente de la República hubiere ejercido el cargo.

3. El ciudadano que como Vicepresidente de la República hubiere ejercido el cargo de Presidente de la República en forma permanente en cualquier tiempo durante los tres años anteriores al periodo para el cual se hace la elección.

4. Los parientes dentro del cuarto grado de consanguinidad o segundo de afinidad del ciudadano expresado en el numeral anterior para el periodo inmediatamente siguiente a aquel en que este hubiere ejercido la Presidencia de la República.

5. Los parientes dentro del cuarto grado de consanguinidad o segundo de afinidad del Presidente de la República.

Capítulo 2.º Los Ministros de Estado

Artículo 189. Los Ministros de Estado sor los Jefes de sus respectivos ramos y participan con el Presidente de la República en el ejercicio de sus funciones, de acuerdo con esta Constitución y la Ley.

Artículo 190. La distribución de los negocios entre los Ministros de Estado se efectuará de conformidad con la Ley, según sus afinidades.

Artículo 191. Los Ministros de Estado deben ser panameños por nacimiento, haber cumplido veinticinco años de edad y no haber sido condenados por el Órgano Judicial por delito contra la administración pública, con pena privativa de la libertad.

Artículo 192. No podrán ser nombrados Ministros de Estado los parientes del Presidente de la República dentro del cuarto grado de consanguinidad o segundo de afinidad, ni ser miembros de un mismo Gabinete personas unidas entre sí por los expresados grados de parentesco.

Artículo 193. Los Ministros de Estado entregarán personalmente a la Asamblea Legislativa un informe o memoria anual sobre el estado de los negocios de su Ministerio y sobre las reformas que juzguen oportuno introducir.

Capítulo 3.º El Consejo de Gabinete

Artículo 194. El Consejo de Gabinete es la reunión del Presidente de la República, quien lo presidirá, o del Encargado de la Presidencia, con los Vicepresidentes de la República y los Ministros de Estado.

Artículo 195. Son funciones del Consejo de Gabinete:
1. Actuar como cuerpo consultivo en los asuntos que someta a su consideración el Presidente de la República y en los que deba ser oído por mandato de la Constitución o de la Ley.
2. Acordar con el Presidente de la República los nombramientos de los Magistrados de la Corte Suprema de Justicia del Procurador General de la Nación, del Procurador de la Administración, y de sus respectivos suplentes, con sujeción a la aprobación de la Asamblea Legislativa.
3. Acordar la celebración de contratos, la negociación de empréstitos y la enajenación de bienes nacionales muebles o inmuebles, según lo determine la Ley.

4. Acordar con el Presidente de la República que este pueda transigir o someter a arbitraje los asuntos litigiosos en que el Estado sea parte, para lo cual es necesario el concepto favorable del Procurador General de la Nación

5. Decretar, bajo la responsabilidad colectiva de todos sus miembros, el estado de urgencia y la suspensión de las normas constitucionales pertinentes, de conformidad con lo dispuesto en el **Artículo** 51 de esta Constitución.

6. Requerir de los funcionarios públicos, entidades estatales y empresas mixtas los informes que estime necesarios o convenientes para el despacho de los asuntos que deba considerar y citar a los primeros y a los representantes de las segundas para que rindan informes verbales.

7. Negociar y contratar empréstitos; organizar el crédito público; reconocer la deuda nacional y arreglar su servicio; fijar y modificar los aranceles, tasas y demás disposiciones concernientes al régimen de aduanas, con sujeción a las normas previstas en las Leyes a que se refiere el numeral 11 del **Artículo** 153. Mientras el Órgano Legislativo no haya dictado Ley o Leyes que contengan las normas generales correspondientes, el Órgano Ejecutivo podrá ejercer estas atribuciones y enviará al Órgano Legislativo copia de todos los Decretos que dicte en ejercicio de esta facultad.

8. Dictar el reglamento de su régimen interno y ejercer las demás funciones que le señale la Constitución o la Ley.

Capítulo 4.º El Consejo General de Estado

Artículo 196. Constituye el Consejo General de Estado la reunión del Presidente de la República, quien lo presidirá, con los Vicepresidentes de la República, los Ministros de Estado, Directores Generales de Entidades Autónomas y Semiautónomas, el Comandante Jefe de la Guardia Nacional, el Contralor General de la República, el Procurador General de la Nación, el Procurador de la Administración, el Presidente de la Asamblea Legislativa y los Presidentes de los Consejos Provinciales.

Artículo 197. El Consejo General de Estado tiene la función de actuar como cuerpo consultivo en los asuntos que le presenten el Presidente de la República o el Presidente de la Asamblea Legislativa.

Título VII. La administración de justicia

Capítulo 1.º El Órgano Judicial

Artículo 198. La administración de justicia es gratuita, expedita e ininterrumpida. La gestión y la actuación de todo proceso se surtirá en papel simple y no estarán sujetas a impuesto alguno. Las vacaciones de los Magistrados, Jueces y empleados judiciales no interrumpirán el funcionamiento continuo de los respectivos tribunales.

Artículo 199. El Órgano Judicial está constituido por la Corte Suprema de Justicia, los Tribunales y los Juzgados que la Ley establezca.

Artículo 200. La Corte Suprema de Justicia estará compuesta del número de Magistrados que determine la Ley, nombrados mediante acuerdo del Consejo de Gabinete, con sujeción a la aprobación del Órgano Legislativo, para un periodo de diez años. La falta absoluta de un Magistrado será cubierta mediante nuevo nombramiento por el resto del periodo respectivo. Cada dos años se designarán dos Magistrados, salvo en los casos en que por razón del número de Magistrados que integren la Corte, se nombren más de dos o menos de dos Magistrados. Cuando se aumente el número de Magistrados de la Corte, se harán los nombramientos necesarios para tal fin, y la Ley respectiva dispondrá lo adecuado para mantener el principio de nombramientos escalonados. Cada Magistrado tendrá un suplente nombrado en igual forma que el principal y por el mismo periodo, quien lo reemplazará en sus faltas, conforme a la Ley, La Ley dividirá la Corte en Salas, formadas por tres Magistrados permanentes cada una.

Artículo 201. Para ser Magistrado de la Corte Suprema de Justicia se requiere:
1. Ser panameño por nacimiento.
2. Haber cumplido treinta y cinco años de edad.
3. Hallarse en pleno goce de los derechos civiles y políticos.

4. Ser graduado en Derecho y haber inscrito el Título universitario en la oficina que la Ley señale.

5. Haber completado un periodo de diez años durante el cual haya ejercido indistintamente la profesión de abogado, cualquier cargo del Órgano Judicial o del Tribunal Electoral que requiera Título universitario en Derecho, o haber sido profesor de Derecho en un establecimiento de enseñanza universitaria. Se reconoce la validez de las credenciales para ser Magistrado de la Corte Suprema de Justicia, otorgadas de acuerdo con disposiciones constitucionales anteriores.

Artículo 202. La persona que haya sido condenada por delito doloso, mediante sentencia ejecutoriada proferida por un Tribunal de Justicia, no podrá desempeñar cargo alguno en el Órgano Judicial.

Artículo 203. La Corte Suprema de Justicia tendrá, entre sus atribuciones constitucionales y legales, las siguientes:

1. La guarda de la integridad de la Constitución para lo cual la Corte en pleno conocerá y decidirá, con audiencia del Procurador General de la Nación o del Procurador de la Administración, sobre la inconstitucionalidad de las Leyes, decretos, acuerdos, resoluciones y demás actos que por razones de fondo o de forma impugne ante ella cualquier persona. Cuando en un proceso el funcionario público encargado de impartir justicia advirtiere o se lo advirtiere alguna de las partes que la disposición legal o reglamentaria aplicable al caso es inconstitucional, someterá la cuestión al conocimiento del pleno de la Corte, salvo que la disposición haya sido objeto de pronunciamiento por parte de esta, y continuará el curso del negocio hasta colocarlo en estado de decidir. Las partes solo podrán formular tales advertencias una sola vez por instancia.

2. La jurisdicción contencioso-administrativa respecto de los actos, omisiones, prestación defectuosa o deficiente de los servicios públicos, resoluciones, ordenes o disposiciones que ejecuten, adopten, expidan o en que incurran en ejercicio de sus funciones o pretextando ejercerlas, los funcionarios públicos y autoridades nacionales, provinciales, municipales y de las entidades públicas autónomas o semiautónomas. A tal fin, la Corte Suprema de

Justicia con audiencia del Procurador de la Administración, podrá anular los actos acusados de ilegalidad; restablecer el derecho particular violado; estatuir nuevas disposiciones en reemplazo de las impugnadas y pronunciarse perjudicialmente acerca del sentido y alcance de un acto administrativo o de su valor legal. Podrán acogerse a la jurisdicción contencioso-administrativa las personas afectadas por el acto, resoluciones, orden o disposición de que se trate; y, en ejercicio de la acción pública, cualquier persona natural o jurídica, domiciliada en el país. Las decisiones de la Corte en ejercicio de las atribuciones señaladas en este **Artículo** son finales, definitivas, obligatorias y deben publicarse en la Gaceta Oficial.

Artículo 204. No se admitirán recursos de inconstitucionalidad ni de amparo de garantías constitucionales contra los fallos de la Corte Suprema de Justicia o sus Salas.

Artículo 205. Los Magistrados y Jueces principales no podrán desempeñar ningún otro cargo público, excepto el de profesor para la enseñanza del Derecho en establecimientos de educación universitaria.

Artículo 206. En los Tribunales y Juzgados que la Ley establezca, los Magistrados serán nombrados por la Corte Suprema de Justicia y los Jueces por su superior jerárquico. El personal subalterno será nombrado por el Tribunal o Juez respectivo. Todos estos nombramientos serán hechos con arreglo a la Carrera Judicial, según lo dispuesto en el Título XI.

Artículo 207. Los Magistrados y Jueces son independientes en el ejercicio de sus funciones y no están sometidos más que a la Constitución y a la Ley, pero los inferiores están obligados a acatar y cumplir las decisiones que dicten sus superiores jerárquicos al revocar o reformar, en virtud de recursos legales, las resoluciones proferidas por aquellos.

Artículo 208. Los Magistrados y los Jueces no serán depuestos ni suspendidos o trasladados en el ejercicio de sus cargos, sino en los casos y con las formalidades que disponga la Ley.

Artículo 209. Los cargos del Órgano Judicial son incompatibles con toda participación en la política, salvo la emisión del voto en las elecciones, con el ejercicio de la abogacía o del comercio y con cualquier otro cargo retribuido, excepto lo previsto en el **Artículo** 205.

Artículo 210. Los sueldos y asignaciones de los Magistrados de la Corte Suprema de Justicia no serán inferiores a los de los Ministros de Estado. Toda supresión de empleos en el ramo Judicial se hará efectiva al finalizar el periodo correspondiente.

Artículo 211. La Corte Suprema de Justicia y el Procurador General de la Nación formularán los respectivos Presupuestos del Órgano Judicial y del Ministerio Público y los remitirán oportunamente al Órgano Ejecutivo para su inclusión en el proyecto de Presupuesto General del sector público. El Presidente de la Corte y el Procurador podrán sustentar, en todas las etapas de los mismos, los respectivos proyectos de Presupuesto. Los presupuestos del Órgano Judicial y del Ministerio Público no serán inferiores, en conjunto, al dos por ciento de los ingresos corrientes del Gobierno Central. Sin embargo, cuando esta cantidad resultare superior a la requerida para cubrir las necesidades fundamentales propuestas por el Órgano Judicial y el Ministerio Público, el Órgano Ejecutivo incluirá el excedente en otros renglones de gastos o inversiones en el proyecto de Presupuesto del Gobierno Central, para que la Asamblea Legislativa determine lo que proceda.

Artículo 212. Las Leyes procesales que se aprueben se inspirarán, entre otros, en los siguientes principios:
1. Simplificación de los trámites, economía procesal y ausencia de formalismos.
2. El objeto del proceso es el reconocimiento de los derechos consignados en la Ley substancial.

Artículo 213. Los Magistrados y Jueces no podrán ser detenidos ni arrestados sino en virtud de mandamiento escrito de la autoridad judicial competente para juzgarlos.

Artículo 214. La Ley arbitrará los medios para prestar asesoramiento y defensa jurídica a quienes por su situación económica no puedan procurárselos por sí mismos, tanto a través de los organismos oficiales creados al efecto, como por intermedio de las asociaciones profesionales de abogados reconocidas por el Estado.

Artículo 215. Se instituye el juicio por jurados. La Ley determinará las causas que deban decidirse por este sistema.

Capítulo 2.º El Ministerio Público

Artículo 216. El Ministerio Público será ejercido por el Procurador General de la Nación, el Procurador de la Administración, los Fiscales y Personeros y por los demás funcionarios que establezca la Ley. Los Agentes del Ministerio Público podrán ejercer por delegación, conforme lo determine la Ley, las funciones del Procurador General de la Nación. Cada Agente del Ministerio Público tendrá dos suplentes quienes lo reemplazarán en su orden, en las ausencias temporales y en las absolutas mientras se llene la vacante.

Artículo 217. Son atribuciones del Ministerio Público:
1. Defender los intereses del Estado o del Municipio.
2. Promover el cumplimiento o ejecución de las Leyes, sentencias judiciales y disposiciones administrativas,
3. Vigilar la conducta oficial de los funcionarios públicos y cuidar que todos desempeñen cumplidamente sus deberes.
4. Perseguir los delitos y contravenciones de disposiciones constitucionales o legales.
5. Servir de consejeros jurídicos a los funcionarios administrativos.
6. Ejercer las demás funciones que determine la Ley.

Artículo 218. Para ser Procurador General de la Nación y Procurador de la Administración se necesitan los mismos requisitos que para ser Magistrado de la Corte Suprema de Justicia. Ambos serán nombrados por un periodo de diez años.

Artículo 219. Son funciones especiales del Procurador General de la Nación:
1. Acusar ante la Corte Suprema de Justicia a los funcionarios públicos cuyo juzgamiento corresponda a esta Corporación.
2. Velar por que los demás Agentes del Ministerio Público desempeñen fielmente su cargo, y que se les exija responsabilidad por las faltas o delitos que cometan.

Artículo 220. Rigen respecto a los Agentes del Ministerio Público las mismas disposiciones que para los funcionarios judiciales establecen los artículos 202, 205, 20 7, 208, 209 y 213.

Artículo 221. El Procurador General de la Nación y el Procurador de la Administración y sus suplentes serán nombrados del mismo modo que los Magistrados de la Corte Suprema de Justicia. Los Fiscales y Personeros serán nombrados por sus superiores jerárquicos. El personal subalterno será nombrado por el Fiscal o Personero respectivo. Todos estos nombramientos serán hechos con arreglo a la Carrera Judicial, según lo dispuesto en el Título XI.

Título VIII. Regímenes municipal y provincial

Capítulo 1.º Representantes de Corregimientos

Artículo 222. Cada Corregimiento elegirá un Representante y su suplente por votación popular directa, por un periodo de cinco años. Los Representantes de Corregimientos podrán ser reelegidos indefinidamente.

Artículo 223. Para ser Representante de Corregimiento se requiere:

1. Ser panameño por nacimiento o haber adquirido, en forma definitiva, la nacionalidad panameña diez años antes de la fecha de la elección.

2. Haber cumplido dieciocho años de edad.

3. No haber sido condenado por el Órgano Judicial en razón de delito contra la administración pública, con pena privativa de la libertad o por delito contra la libertad y pureza del sufragio.

4. Ser residente del Corregimiento que representa por lo menos durante el año inmediatamente anterior a la elección.

Artículo 224. La representación se perderá por las siguientes causas:

1. El cambio voluntario de residencia a otro Corregimiento.

2. La condena judicial fundada en delito.

3. La revocatoria del mandato, conforme lo reglamente la Ley.

Artículo 225. En caso de vacante temporal o absoluta de la representación principal del Corregimiento, se encargará el Representante suplente. Cuando se produzca vacante absoluta del principal y del suplente, deberán celebrarse elecciones dentro de los seis meses siguientes para elegir nuevo Representante y su respectivo suplente.

Artículo 226. Los Representantes de Corregimientos no podrán ser nombrados para cargos públicos remunerados por el respectivo Municipio. La infracción de este precepto vicia de nulidad el nombramiento. Produce vacante absoluta del cargo de Representante de Corregimiento el nombramiento en el Órgano Judicial, en el Ministerio Público o en el Tribunal Electoral; y transitoria, la designación para Ministro de Estado, Jefe de Institución Autónoma o Semiautónoma, de Misión Diplomática y Gobernador de la Provincia.

Artículo 227. Los Representantes de Corregimientos no son legalmente responsables por las opiniones que emitan en el ejercicio de su cargo, como miembros del Concejo Provincial.

Artículo 228. Los Representantes de Corregimientos devengarán una remuneración que será pagada por el Tesorero Nacional o Municipal, según determine la Ley.

Capítulo 2.º El Régimen Municipal

Artículo 229. El Municipio es la organización política autónoma de la comunidad establecida en un Distrito La Organización municipal será democrática y responderá al carácter esencialmente administrativo del gobierno local.

Artículo 230. Los Municipios tienen la función de promover el desarrollo de la comunidad, y la realización del bienestar social y colaborarán para ello con el Gobierno Nacional. La Ley podrá señalar la parte de las rentas que los Municipios asignarán al respecto y en especial a la educación, tomando en cuenta la población, ubicación y desarrollo económico y social del distrito.

Artículo 231. Las autoridades municipales tienen el deber de cumplir y hacer cumplir la Constitución y Leyes de la República, los decretos y ordenes del Ejecutivo y las resoluciones de los tribunales de la justicia ordinaria y administrativa.

Artículo 232. Ningún servidor público municipal podrá ser suspendido ni destituido por las autoridades administrativas nacionales.

Artículo 233. El Estado complementará la gestión municipal, cuando esta sea insuficiente, en casos de epidemia, grave alteración del orden público u otros motivos de interés general, en la forma que determine la Ley.

Artículo 234. En cada Distrito habrá una corporación que se denominará Concejo Municipal, integrada por todos los Representantes de Corregimientos que hayan sido elegidos dentro del Distrito. Si en algún Distrito existieren menos de cinco Corregimientos, se elegirán por votación popular directa, según el procedimiento y el sistema de representación proporcional que establezca la Ley, los Concejales necesarios para que, en tal caso, el número de integrantes del Concejo Municipal sea de cinco. El Concejo designará un Presidente y un Vicepresidente, de su seno. Este último reemplazará al primero en sus ausencias.

Artículo 235. Por iniciativa popular y mediante el voto de los Concejos, pueden dos o más Municipios solicitar su fusión en uno o asociarse para fines de beneficio común. Ley establecerá el procedimiento correspondiente. Con iguales requisitos pueden los Municipios de una Provincia unificar su régimen, estableciendo un tesoro y una administración fiscal comunes. En este caso podrá crearse un Concejo Intermunicipal cuya composición determinará la Ley.

Artículo 236. Los ciudadanos tienen el derecho de iniciativa y de referéndum en los asuntos atribuidos a los Concejos.

Artículo 237. La Ley podrá disponer, de acuerdo con la capacidad económica y recursos humanos de los Municipios, cuales se regirán por el sistema de síndicos especializados para prestar los servicios que aquella establezca.

Artículo 238. Habrá en cada Distrito un Alcalde, Jefe de la Administración Municipal, y dos suplentes, elegidos por votación popular directa por un periodo de cinco años. La Ley podrá, sin embargo, disponer que en todos los Distritos o en uno o más de ellos, los Alcaldes y sus suplentes sean de libre nombramiento y remoción del Órgano Ejecutivo.

Artículo 239. Habrá en cada Distrito un Tesorero, elegido por el Concejo, para un periodo que determinará la Ley y quien será el Jefe de la oficina o departamento de recaudación de las rentas municipales y de la pagaduría. La Ley dispondrá que en aquellos Distritos cuyo monto rentístico llegue a la suma de ella determine, se establezca una oficina o departamento de auditoría a cargo de un funcionario que será nombrado por la Contraloría General de la República.

Artículo 240. Los Alcaldes tendrán, además de los deberes que establece el **Artículo** 231 de esta Constitución y la Ley, las atribuciones siguientes:

1. Presentar proyectos de acuerdos, especialmente el de Presupuesto de Rentas y Gastos.

2. Ordenar los gastos de la administración local ajustándose al Presupuesto y a los reglamentos de contabilidad.

3. Nombrar y remover a los Corregidores y a los demás funcionarios públicos municipales cuya designación no corresponda a otra autoridad, con sujeción a lo que dispone el Título XI.

4. Promover el progreso de la comunidad municipal y velar por el cumplimiento de los deberes de sus funcionarios públicos.

Artículo 241. Los Alcaldes y Corregidores recibirán por sus servicios una remuneración que será pagada por el Tesoro Nacional o Municipal, según determine la Ley.

Artículo 242. Son municipales los impuestos que no tengan incidencia fuera del Distrito, pero la Ley podrá establecer excepciones para que determinados impuestos sean municipales a pesar de tener esa incidencia. Partiendo de esa base, la Ley establecerá con la debida separación las rentas y gastos nacionales y los municipales.

Artículo 243. Serán fuentes de ingreso municipal, además de las que señale la Ley conforme al **Artículo** anterior, las siguientes:

1. El producto de sus áreas o ejidos lo mismo que de sus bienes propios.

2. Las tasas por el uso de sus bienes o servicios.

3. Los derechos sobre espectáculos públicos.

4. Los impuestos sobre expendio de bebidas alcohólicas.

5. Los derechos, determinados por la Ley, sobre extracción de arena, piedra de cantera, tosca, arcilla, coral, cascajo y piedra caliza.

6. Las multas que impongan las autoridades municipales.

7. Las subvenciones estatales y las donaciones.

8. Los derechos sobre extracción de maderas, explotación y tala de bosques.

9. El impuesto de degüello de ganado vacuno y porcino que se pagará en el Municipio de donde proceda la res.

Artículo 244. Los Municipios podrán crear empresas municipales o mixtas para la explotación de bienes o servicios.

Artículo 245. El Estado no podrá conceder exenciones de derechos, tasas o impuestos municipales. Los Municipios solo podrán hacerlo mediante acuerdo municipal.

Artículo 246. Los Municipios podrán contratar empréstitos previa autorización del Órgano Ejecutivo. La Ley determinará el procedimiento.

Artículo 247. En cada Corregimiento habrá una Junta Comunal que promoverá el desarrollo de la colectividad y velará por la solución de sus problemas. Las Juntas Comunales podrán ejercer funciones de conciliación voluntaria y otras que la Ley señale.

Artículo 248. La Junta Comunal estará compuesta por el Representante de Corregimiento, quien la presidirá, por el Corregidor y cinco ciudadanos residentes del Corregimiento escogidos en la forma que determine la Ley. Las Juntas Comunales podrán requerir la cooperación y asesoramiento de los funcionarios públicos nacionales o municipales y de los particulares. La Ley podrá establecer un régimen especial para las Juntas Comunales que funcionarán en comunidades que no estén administrativamente constituidas en Municipios o Corregimientos.

Capítulo 3.º El Régimen Provincial

Artículo 249. En cada Provincia habrá un Gobernador de libre nombramiento y remoción del Órgano Ejecutivo, quien será representante de este en su circunscripción. Cada Gobernador tendrá un suplente designado también por el Órgano Ejecutivo. La Ley determinará las funciones y deberes de los Gobernadores.

Artículo 250. Las Provincias tendrán el número de Distritos que la Ley Disponga.

Artículo 251. En cada Provincia funcionará un Concejo Provincial, integrado por todos los Representantes de Corregimientos de la respectiva Provincia y los demás miembros que la Ley determine al reglamentar su organización y funcionamiento, teniendo estos últimos únicamente derecho a voz. Cada Concejo Provincial elegirá su Presidente y su Junta Directiva, dentro de los respectivos Representantes de Corregimientos y dictará su reglamento interno. El Gobernador de la Provincia y los Alcaldes de Distritos asistirán con derecho a voz a las reuniones del Concejo Provincial.

Artículo 252. Son funciones del Concejo Provincial, sin perjuicio de otras que la Ley señale, las siguientes:
1. Actuar como órgano de consulta del Gobernador de la Provincia, de las autoridades provinciales y de las autoridades nacionales en general.
2. Requerir informes de los funcionarios nacionales, provinciales y municipales en relación con asuntos concernientes a la Provincia. Para estos efectos, los funcionarios provinciales y municipales están obligados, cuando los Concejos Provinciales así lo soliciten, a comparecer personalmente ante estos a rendir informes verbales. Los funcionarios nacionales pueden rendir sus informes por escrito.
3. Preparar cada año, para la consideración del Órgano Ejecutivo, el plan de obras públicas, de inversiones y de servicios de la Provincia y fiscalizar su ejecución.
4. Supervisar la marcha de los servicios públicos que se presten en su respectiva Provincia.
5. Recomendar a la Asamblea Legislativa los cambios que estime convenientes en las divisiones políticas de la Provincia.
6. Solicitar a las autoridades nacionales y provinciales estudios y programas de interés provincial.

Artículo 253. El Concejo Provincial se reunirá en sesiones ordinarias una vez al mes, en la capital de la Provincia o en el lugar de la Provincia que el Concejo determine, y en sesiones extraordinarias cuando lo convoque su Presidente o a solicitud de no menos de la tercera parte de sus miembros.

Título IX. La Hacienda Pública

Capítulo 1.º Bienes y derechos del Estado

Artículo 254. Pertenecen al Estado:

1. Los bienes existentes en el territorio que pertenecieron a la República de Colombia.

2. Los derechos y acciones que la República de Colombia poseyó como dueña, dentro o fuera del país, por razón de la soberanía que ejerció sobre el territorio del Istmo de Panamá.

3. Los bienes, rentas, fincas, valores, derechos y acciones que pertenecieron al extinguido Departamento de Panamá.

4. Las tierras baldías e indultadas.

5. Las riquezas del subsuelo, que podrán ser explotadas por empresas estatales o mixtas o ser objeto de concesiones o contratos para su explotación según lo establezca la Ley. Los derechos mineros otorgados y no ejercidos dentro del término y condiciones que fije la Ley, revertirán al Estado.

6. Las salinas, las minas, las aguas subterráneas y termales, depósitos de hidrocarburos, las canteras y los yacimientos de toda clase que no podrán ser objeto de apropiación privada, pero podrán ser explotados directamente por el Estado, mediante empresas estatales o mixtas, o ser objeto de concesión u otros contratos para su explotación, por empresas privadas. La Ley reglamentará todo lo concerniente a las distintas formas de explotación señaladas en este ordinal.

7. Los monumentos históricos, documentos y otros bienes que son testimonio del pasado de la Nación. La Ley señalará el procedimiento por medio del cual revertirán al Estado tales bienes cuando se encuentren bajo la tenencia de particulares por cualquier Título.

8. Los sitios y objetos arqueológicos, cuya explotación, estudios y rescate serán regulados por la Ley.

Artículo 255. Pertenecen al Estado y son de uso público y, por consiguiente, no pueden ser objeto de apropiación privada:

1. El mar territorial y las aguas lacustres y fluviales; las playas y riberas de las mismas y de los ríos navegables, y los puertos y esteros. Todos estos bienes son de aprovechamiento libre y común, sujetos a la reglamentación que establezca la Ley.

2. Las tierras y las aguas destinadas a servicios públicos y a toda clase de comunicaciones.

3. Las tierras y las aguas destinadas o que el Estado destine a servicios públicos de irrigación, de producción hidroeléctrica, de desagües y de acueductos.

4. El espacio aéreo, la plataforma continental submarina, el lecho y el subsuelo del mar territorial.

5. Los demás bienes que la Ley defina como de uso público. En todos los casos en que los bienes de propiedad privada se conviertan por disposición legal en bienes de uso público, el dueño de ellos será indemnizado.

Artículo 256. Las concesiones para la explotación del suelo, del subsuelo, de los bosques y para la utilización de agua, de medios de comunicación o transporte y de otras empresas de servicio público, se inspirarán en el bienestar social y el interés público.

Artículo 257. La riqueza artística e histórica del país constituye el Patrimonio Cultural de la Nación y estará bajo la salvaguarda del Estado el cual prohibirá su destrucción, exportación o transmisión.

Artículo 258. La facultad de emitir moneda pertenece al Estado, el cual podrá transferirla a bancos oficiales de emisión, en la forma que determine la Ley.

Artículo 259. No habrá en la República papel moneda de curso forzoso.

Artículo 260. La Ley creará y reglamentará bancos oficiales o semioficiales que funcionen como entidades autónomas vigiladas por el Estado y determinará las responsabilidades subsidiarias de este con respecto a las obligaciones que esas instituciones contraigan. La Ley reglamentará el régimen bancario.

Artículo 261. La Ley procurará, hasta donde sea posible, dentro de la necesidad de arbitrar fondos públicos y de proteger la producción nacional, que todo impuesto grave al contribuyente en proporción directa a su capacidad económica.

Artículo 262. Podrán establecerse por la Ley, como arbitrio rentístico, monopolios oficiales sobre artículos importados o que no se produzcan en el país. Al establecer un monopolio en virtud del cual quede privada cualquier persona del ejercicio de una industria o negocio lícito, el Estado resarcirá previamente a las personas o empresas cuyo negocio haya sido expropiado en los términos a que se refiere este **Artículo**.

Artículo 263. La ejecución o reparación de obras nacionales, las compras que se efectúen con fondos del Estado, de sus entidades autónomas o semiautónomas o de los Municipios y la venta o arrendamiento de bienes pertenecientes a los mismos se harán, salvo las excepciones que determine la Ley, mediante licitación pública. La Ley establecerá las medidas que aseguren en toda licitación el mayor beneficio para el Estado y plena justicia en la adjudicación.

Capítulo 2.º El Presupuesto General del Estado

Artículo 264. Corresponde al Órgano Ejecutivo la elaboración del proyecto de Presupuesto General del Estado y al Órgano Legislativo su examen, modificación, rechazo o aprobación.

Artículo 265. El Presupuesto tendrá carácter anual y contendrá la totalidad de las inversiones, ingresos y egresos del sector público, que incluye a las entidades autónomas, semiautónomas y empresas estatales.

Artículo 266. El Órgano Ejecutivo celebrará consultas presupuestarias con las diferentes dependencias y entidades del Estado. La Comisión de Presupuesto de la Asamblea Legislativa participará en dichas consultas.

Artículo 267. En el Presupuesto elaborado por el Órgano Ejecutivo los egresos estarán equilibrados con los ingresos y deberá presentarse a la Asamblea Legislativa al menos tres meses antes de la expiración del Presupuesto del año fiscal en curso, salvo el caso especial del **Artículo** 179, numeral 7.

Artículo 268. La Asamblea Legislativa podrá eliminar o reducir las partidas de los egresos previstos en el proyecto de Presupuesto, salvo las destinadas al servicio de la deuda pública, al cumplimiento de las demás obligaciones contractuales del Estado y al financiamiento de las inversiones públicas previamente autorizadas por la Ley. La Asamblea Legislativa no podrá aumentar ninguna de las erogaciones previstas en el proyecto de Presupuesto o incluir una nueva erogación, sin la aprobación del Consejo de Gabinete, ni aumentar el calculo de los ingresos sin el concepto favorable del Contralor General de la República. Si, conforme a lo previsto en este **Artículo**, se eleva el calculo de los ingresos o si se elimina o disminuye alguna de las partidas de egresos, la Asamblea Legislativa podrá aplicar las cantidades así disponibles a otros gastos o inversiones, siempre que obtenga la aprobación del Consejo de Gabinete.

Artículo 269. Si el proyecto de Presupuesto General del Estado no fuere votado a más tardar el primer día del año fiscal correspondiente, entrará en vigencia el proyecto propuesto por el Órgano Ejecutivo, el cual lo adoptará mediante decisión del Consejo de Gabinete.

Artículo 270. Si la Asamblea Legislativa rechaza el proyecto de Presupuesto General del Estado, se considerará automáticamente prorrogado el Presupuesto del ejercicio anterior hasta que se apruebe el nuevo Presupuesto y también automáticamente aprobadas las partidas previstas en el proyecto de Presupuesto rechazado respecto del servicio de la deuda pública, el cumplimiento de las demás obligaciones contractuales del Estado y el financiamiento de las inversiones públicas previamente autorizadas por la Ley.

Artículo 271. Cualquier crédito suplementario o extraordinario referente al Presupuesto vigente, será solicitado por el Órgano Ejecutivo y aprobado por la Asamblea Legislativa en la forma que señale la Ley.

Artículo 272. La Asamblea Legislativa no podrá expedir Leyes que deroguen o modifiquen las que establezcan ingresos comprendidos en el Presupuesto, sin que al mismo tiempo establezca nuevas rentas sustitutivas o aumente las existentes, previo informe de la Contraloría General de la República sobre la efectividad fiscal de las mismas.

Artículo 273. No podrá hacerse ningún gasto público que no haya sido autorizado de acuerdo con la Constitución o la Ley Tampoco podrá transferirse ningún crédito a un objeto no previsto en el respectivo Presupuesto.

Artículo 274. Todas las entradas y salidas de los tesoros públicos deben estar incluidas y autorizadas en el respectivo Presupuesto. No se percibirán entradas por impuestos que la Ley no haya establecido ni se pagarán gastos no previstos en el Presupuesto.

Capítulo 3.º La Contraloría General de la República

Artículo 275. Habrá un organismo estatal independiente denominado Contraloría General de la República, cuya dirección estará a cargo de un funcionario público que se denominará Contralor General, secundado por un Subcontralor, quienes serán nombrados por un periodo igual al del Presidente de la República, dentro del cual no podrán ser suspendidos ni removidos sino por la Corte Suprema de Justicia, en virtud de causas definidas por la Ley. Ambos serán nombrados para que entren en funciones a partir del primero de enero después de iniciado cada periodo presidencial ordinario. Para ser Contralor y Subcontralor General de la República se requiere ser ciudadano panameño por nacimiento; tener Título universitario y treinta y cinco o más años de edad y no haber sido condenado por el Órgano Judicial con pena privativa de la libertad en razón de delito contra la administración pública.

Artículo 276. Son funciones de la Contraloría General de la República, además de las que le señale la Ley, las siguientes:

1. Llevar las cuentas nacionales, incluso las referentes a las deudas interna y externa.

2. Fiscalizar, regular y controlar todos los actos de manejo de fondos y otros bienes públicos, a fin de que se realicen con corrección y según lo establecido en la Ley. La Contraloría determinará los casos en que ejercerá tanto el control previo como el posterior sobre los actos de manejo, al igual que aquellos en que solo ejercerá este último.

3. Examinar, intervenir y fenecer las cuentas de los funcionarios públicos, entidades o personas que administren, manejen o custodien fondos u otros bienes públicos. Lo atinente a la responsabilidad penal corresponde a los tribunales ordinarios.

4. Realizar inspecciones e investigaciones tendientes a determinar la corrección o incorrección de las operaciones que afecten patrimonios públicos y, en su caso, presentar las denuncias respectivas.

5. Recabar de los funcionarios públicos correspondientes informes sobre la gestión fiscal de las dependencias públicas, nacionales, provinciales, municipales, autónomas o semiautónomas y de las empresas estatales.

6. Establecer y promover la adopción de las medidas necesarias para que se hagan efectivos los créditos a favor de las entidades públicas.

7. Demandar la declaratoria de inconstitucionalidad, o de ilegalidad, según los casos, de las Leyes y demás actos violatorios de la Constitución o de la Ley que afecten patrimonios públicos.

8. Establecer los métodos de contabilidad de las dependencias públicas señaladas en el numeral 5 de este **Artículo**.

9. Informar a la Asamblea Legislativa y al Órgano Ejecutivo sobre el estado financiero de la Administración Pública y emitir concepto sobre la viabilidad y conveniencia de la expedición de créditos suplementales o extraordinarios.

10. Dirigir y formar la estadística nacional.

11. Nombrar los empleados de sus departamentos de acuerdo con esta Constitución y la Ley.

12. Presentar al Órgano Ejecutivo y a la Asamblea Legislativa el informe anual de sus actividades.

13. Juzgar las cuentas de los Agentes y empleados de manejo, cuando surjan reparos de las mismas por razón de supuestas u regularidades.

Título X. La economía nacional

Artículo 277.1 El ejercicio de las actividades económicas corresponde primordialmente a los particulares; pero el Estado las orientará, dirigirá, reglamentará, reemplazará o creará, según las necesidades sociales y dentro de las normas del presente Título, con el fin de acrecentar la riqueza nacional y de asegurar sus beneficios para el mayor número posible de los habitantes del país. El Estado planificará el desarrollo económico y social, mediante

---

1 En la versión de 1972, este artículo afirma: «Se reconoce como Líder Máximo de la Revolución panameña al General de Brigada Omar Torrijos Herrera, Comandante Jefe de la Guardia Nacional. En consecuencia, y para asegurar el cumplimiento de los objetivos del proceso revolucionario, se le otorga, por el término de seis años, el ejercicio de las siguientes atribuciones: Coordinar toda la labor de la Administración Pública; nombrar y separar libremente a los Ministros de Estado y a los Miembros de la Comisión de Legislación; nombrar al Contralor General y al Subcontralor General de la República, a los Directores Generales de las entidades autónomas y semiautónomas y al Magistrado del Tribunal Electoral, que le corresponde nombrar al Ejecutivo, según lo dispone esta Constitución y la Ley; nombrar a los Jefes Oficiales de la Fuerza Pública de conformidad con esta Constitución, la Ley y el Escalafón Militar; nombrar con la aprobación del Consejo de Gabinete a los Magistrados de la Corte Suprema de Justicia, al Procurador General de la Nación, al Procurador de la Administración y a sus respectivos suplentes; acordar la celebración de contratos, negociación de empréstitos y dirigir las relaciones exteriores. Tendrá, además, facultades para asistir con voz y voto a las reuniones del Consejo de Gabinete y del Consejo Nacional de Legislación, y participar con derecho a voz en los debates de la Asamblea Nacional de Representantes de Corregimientos y de los Consejos Provinciales de Coordinación y de las Juntas Comunales.»

organismos o departamentos especializados cuya organización y funcionamiento determinará la Ley.

Artículo 278. Para realizar los fines de que trata el **Artículo** anterior, la Ley dispondrá que se tomen las medidas siguientes:

1. Crear comisiones de técnicos o de especialistas para que estudien las condiciones y posibilidades en todo tipo de actividades económicas y formulen recomendaciones para desarrollarlas.

2. Promover la creación de empresas particulares que funcionen de acuerdo con las recomendaciones mencionadas en el aparte anterior, establecer empresas estatales e impulsar la creación de las multas, en las cuales participará el Estado, y podrá crear las estatales, para atender las necesidades sociales y la seguridad e intereses públicos.

3. Fundar instituciones de crédito y de fomento o establecer otros medios adecuados con el fin de dar facilidades a los que se dediquen a actividades económicas en pequeña escala.

4. Establecer centros teórico-prácticos para la enseñanza del comercio, la agricultura, la ganadería y el turismo, los oficios y las artes, incluyendo en estas últimas las manuales, y para la formación de obreros y directores industriales especializados.

Artículo 279. El Estado intervendrá en toda clase de empresas, dentro de la reglamentación que establezca la Ley, para hacer efectiva la justicia social a que se refiere la presente Constitución y, en especial, para los siguientes fines:

1. Regular por medio de organismos especiales las tarifas, los servicios y los precios de los artículos de cualquier naturaleza, y especialmente los de primera necesidad.

2. Exigir la debida eficacia en los servicios y la adecuada calidad de los artículos mencionados en el aparte anterior.

3. Coordinar los servicios y la producción de artículos. La Ley definirá los artículos de primera necesidad.

Artículo 280. La mayor parte del capital de las empresas privadas de utilidad pública que funcionen en el país, deberá ser panameña, salvo las excepciones que establezca la Ley, que también deberá definirlas.

Artículo 281. El Estado creará por medio de entidades autónomas o semiautónomas o por otros medios adecuados, empresas de utilidad pública. En igual forma asumirá, cuando así fuere necesario al bienestar colectivo y mediante expropiación e indemnización, el dominio de las empresas de utilidad pública pertenecientes a particulares, si en cada caso lo autoriza la Ley.

Artículo 282. El Estado podrá crear en las áreas o regiones cuyo grado de desarrollo social y económico lo requiera instituciones autónomas o semiautónomas, nacionales, regionales o municipales, que promuevan el desarrollo integral del sector o región y que podrán coordinar los programas estatales y municipales en cooperación con los Concejos Municipales o Intermunicipales. La Ley reglamentará la organización, jurisdicción, financiamiento y fiscalización de dichas entidades de desarrollo.

Artículo 283. Es deber del Estado el fomento y fiscalización de las cooperativas y para tales fines creará las instituciones necesarias. La Ley establecerá un régimen especial para su organización, funcionamiento, reconocimiento e inscripción, que será gratuita.

Artículo 284. El Estado regulará la adecuada utilización de la tierra de conformidad con su uso potencial y los programas nacionales de desarrollo, con el fin de garantizar su aprovechamiento óptimo.

Artículo 285. Ningún gobierno extranjero ni entidad o institución oficial o semioficial extranjera podrán adquirir el dominio sobre ninguna parte del territorio nacional, salvo cuando se trate de las sedes de embajadas de conformidad con lo que disponga la Ley.

Artículo 286. Las personas naturales o jurídicas extranjeras y las nacionales cuyo capital sea extranjero, en todo o en parte, no podrán adquirir la propiedad de tierras nacionales o particulares situadas a menos de diez kilómetros de las fronteras. El territorio insular solo podrá enajenarse para fines específicos de desarrollo del país y bajo las siguientes condiciones:

1. Cuando no sea considerado área estratégica o reservada para programas gubernamentales.

2. Cuando sea declarado área de desarrollo especial y se haya dictado legislación sobre su aprovechamiento, siempre que se garantice la Seguridad Nacional. La enajenación del territorio insular no afecta la propiedad del Estado sobre los bienes de uso público. En los casos anteriores se respetarán los derechos legítimamente adquiridos al entrar a regir esta Constitución; pero los bienes correspondientes podrán ser expropiados en cualquier tiempo, mediante pago de la indemnización adecuada.

Artículo 287. No habrá bienes que no sean de libre enajenación ni obligaciones irredimibles, salvo lo dispuesto en los **Artículos** 58 y 123. Sin embargo, valdrán hasta un término máximo de veinte años las limitaciones temporales al derecho de enajenar y las condiciones o modalidades que suspendan o retarden la redención de las obligaciones.

Artículo 288. Solo podrán ejercer el comercio al por menor:

1. Los panameños por nacimiento.

2. Los individuos que al entrar en vigencia esta Constitución estén naturalizados y sean casados con nacional panameño o panameña o tengan hijos con nacional panameño o panameña.

3. Los panameños por naturalización que no se encuentren en el caso anterior, después de tres años de la fecha en que hubieren obtenido su carta definitiva.

4. Las personas jurídicas nacionales o extranjeras y las naturales extranjeras que a la fecha de la vigencia de esta Constitución estuvieren ejerciendo el comercio al por menor de acuerdo con la Ley.

5. Las personas jurídicas formadas por panameños o por extranjeros facultados para ejercerlo individualmente de acuerdo con este **Artículo**, y también las que, sin estar constituidas en la forma aquí expresa, ejerzan el comercio al por menor en el momento de entrar en vigencia esta Constitución. Los ex-

tranjeros no autorizados para ejercer el comercio al por menor no podrán sin embargo, tener participación en aquellas compañías que vendan productos manufacturados por ellas mismas. Ejercer el comercio al por menor significa dedicarse a la venta al consumidor o a la representación o agencia de empresas productoras o mercantiles o cualquiera otra actividad que la Ley clasifique como perteneciente a dicho comercio. Se exceptúan de esta regla los casos en que el agricultor o fabricante de industrias manuales vendan sus propios productos. La Ley establecerá un sistema de vigilancia y sanciones para impedir que quienes de acuerdo con este **Artículo** no puedan ejercer el comercio al por menor, lo hagan por medio de interpuesta persona o en cualquier otra forma fraudulenta.

Artículo 289. Se entiende por comercio al por mayor al que no está comprendido en la disposición anterior, y podrá ejercerlo toda persona natural o jurídica. La Ley podrá, sin embargo, cuando exista la necesidad de proteger el comercio al por mayor ejercido por panameños, restringir el ejercicio de dicho comercio por los extranjeros. Pero las restricciones no perjudicarán en ningún caso a los extranjeros que se encuentren ejerciendo legalmente el comercio al por mayor al entrar en vigor las correspondientes disposiciones.

Artículo 290. Es prohibido en el comercio y en la industria toda combinación, contrato o acción cualquiera que tienda a restringir o imposibilitar el libre comercio y la competencia y que tenga efectos de monopolio en perjuicio del público. Pertenece a este género la práctica de explotar una sola persona natural o jurídica series o cadenas de establecimientos mercantiles al por menor, en forma que haga ruinosa o tienda a eliminar la competencia del pequeño comerciante o industrial. Habrá acción popular para impugnar ante los tribunales la celebración de cualquier combinación, contrato o acción que tenga por objeto el establecimiento de prácticas monopolizadoras. La Ley regulará esta materia.

Artículo 291. La Ley reglamentará la caza, la pesca y el aprovechamiento de los bosques, de modo que permita asegurar su renovación y la permanencia de sus beneficios.

Artículo 292. La explotación de juegos de suerte y azar y de actividades que originen apuestas solo podrán efectuarse por el Estado. La Ley reglamentará los juegos así como toda actividad que origine apuestas, cualquiera que sea el sistema de ellas.

Artículo 293. No habrá monopolios particulares.

Título XI. Los servidores públicos

Capítulo 1.º Disposiciones fundamentales

Artículo 294. Son servidores públicos las personas nombradas temporal o permanentemente en cargos del Órgano Ejecutivo, Legislativo y Judicial, de los Municipios, entidades autónomas y semiautónomas; y en general, las que perciban remuneración del Estado.

Artículo 295. Los servidores públicos serán de nacionalidad panameña sin discriminación de raza, sexo, religión o creencia y militancia política. Su nombramiento y remoción no será potestad absoluta y discrecional de ninguna autoridad, salvo lo que al respecto dispone esta Constitución. Los servidores públicos se regirán por el sistema de méritos; y la estabilidad en sus cargos estará condicionada a su competencia, lealtad y moralidad en el servicio.

Artículo 296. Los estudiantes y egresados de instituciones educativas prestarán servicios temporales a la comunidad antes de ejercer libremente su profesión u oficio por razón del Servicio Civil obligatorio instituido por la presente Constitución. La Ley reglamentará esta materia.

Capítulo 2.º Principios básicos de la administración de personal

Artículo 297. Los deberes y derechos de los servidores públicos, así como los principios para los nombramientos, ascensos, suspensiones, traslados, destituciones, cesantía y jubilaciones serán determinados por la Ley. Los nombramientos que recaigan en el personal de carrera se harán con base en el sistema de méritos. Los servidores públicos están obligados a desempeñar personalmente sus funciones a las que dedicarán el máximo de sus capacidades y percibirán por las mismas una remuneración justa.

Artículo 298. Los servidores públicos no podrán percibir dos o más sueldos pagados por el Estado, salvo los casos especiales que determine la Ley, ni desempeñar puestos con jornadas simultaneas de trabajo. Las jubilaciones de los servidores públicos se fundarán en estudios actuariales y proporciones presupuestarias razonables.

Artículo 299. El Presidente y Vicepresidentes de la República, los Magistrados de la Corte Suprema de Justicia, de los Tribunales ordinarios y especiales, el Procurador General de la Nación y el de la Administración, los Jueces, los Ministros de Estado, el Contralor General de la República, el Presidente de la Asamblea Legislativa, el Comandante Jefe de la Guardia Nacional, Jefe y Subjefe Superior del Estado Mayor de la Guardia Nacional, los miembros de este, Jefes de Zona Militar, los Directores Generales, Gerentes o Jefes de entidades autónomas, empleados o funcionarios públicos de manejo conforme al Código Fiscal, deben presentar al inicio y término de sus funciones, una declaración jurada de su estado patrimonial. El Notario realizará esta diligencia sin costo alguno. Esta disposición tiene efectos inmediatos, sin perjuicio de su reglamentación por medio de Ley.

Capítulo 3.º Organización de la administración de personal

Artículo 300. Se instituyen las siguientes carreras en los servicios públicos conforme a los principios del sistema de méritos:
1. La Carrera Administrativa.
2. La Carrera Judicial.
3. La Carrera Docente.
4. La Carrera Diplomática y Consular.
5. La Carrera Sanitaria.
6. La Carrera Militar.

7. Las otras que la Ley determine. La Ley regulará la estructura y organización de estas carreras de conformidad con las necesidades de la Administración.

Artículo 301. Las dependencias oficiales funcionarán a base de un Manual de Procedimientos y otro de Clasificación de Puestos.

Artículo 302. No forman parte de las carreras públicas:
1. Los servidores públicos cuyo nombramiento regula esta Constitución.
2. Los Directores y Subdirectores Generales de entidades autónomas y semiautónomas, los servidores públicos nombrados por tiempo determinado o por periodos fijos establecidos por la Ley o los que sirvan cargos ad honorem.
3. El personal de secretaria y de servicio inmediatamente adscrito a los servidores públicos que no forman parte de ninguna carrera.
4. Los servidores públicos con mando y jurisdicción que no estén dentro de una carrera.
5. Los profesionales, técnicos o trabajadores manuales que se requieran para servicios temporales, interinos o transitorios en los Ministerios o en las instituciones autónomas y semiautónomas.
6. Los servidores públicos cuyos cargos estén regulados por el Código de Trabajo.
7. Los Jefes de Misiones Diplomáticas que la Ley determine.

Capítulo 4.º Disposiciones generales

Artículo 303. Las disposiciones contenidas en los artículos 202, 205, 207, 208, 209 y 213, se aplicarán con arreglo a los preceptos establecidos en este título.

Artículo 304. Los servidores públicos no podrán celebrar por sí mismos o por interpuestas personas, contratos con la entidad u organismo en que trabajan cuando estos sean lucrativos y de carácter ajeno al servicio que prestan.

Título XII. Defensa Nacional y Seguridad Pública

Artículo 305. La Defensa Nacional y la Seguridad Pública corresponden a una institución profesional denominada Guardia Nacional, que dependerá del Órgano Ejecutivo y cuyas actuaciones se sujetarán a la Constitución Nacional y a la Ley. La Guardia Nacional en ningún caso intervendrá en política partidista, salvo la emisión del voto.

Artículo 306. Todos los panameños están obligados a tomar las armas para defender la independencia nacional y la integridad territorial del Estado, salvo lo dispuesto en el **Artículo** 16 de esta Constitución. La Ley reglamentará la aplicación de esta disposición y las condiciones que eximan de su cumplimiento.

Artículo 307. Solo el Gobierno podrá poseer armas y elementos de guerra. Para su fabricación, importación y exportación, se requerirá permiso previo del Ejecutivo. La Ley definirá las armas que no deban considerarse como de guerra y reglamentará su importación, fabricación y uso.

Título XIII. Reforma de la Constitución

Artículo 308. La iniciativa para proponer reformas constitucionales corresponde a la Asamblea Legislativa, al Consejo de Gabinete o a la Corte Suprema de Justicia, y las reformas deberán ser aprobadas por uno de los siguientes procedimientos:
1. Por un Acto Legislativo aprobado en tres debates por la mayoría absoluta de los miembros de la Asamblea Legislativa, el cual debe ser publicado en la Gaceta Oficial y transmitido por el Órgano Ejecutivo a dicha Asamblea, dentro de los primeros cinco días de las sesiones ordinarias siguientes a las elecciones para la renovación del Órgano Legislativo, a efecto de que, en esta última legislatura, sea nuevamente debatido y aprobado sin modificación, en un solo debate, por la mayoría absoluta de los miembros que la integran.

2. Por un Acto Legislativo aprobado en tres debates por mayoría absoluta de los miembros de la Asamblea Legislativa, en una legislatura, y aprobado igualmente, en tres debates, por mayoría absoluta de los miembros de la mencionada Asamblea, en la legislatura inmediatamente siguiente. En esta se podrá modificar el texto aprobado en la legislatura anterior. El Acto Legislativo aprobado de esta forma deberá ser publicado en la Gaceta Oficial y sometido a consulta popular directa mediante referéndum que se celebrará en la fecha que señale la Asamblea Legislativa, dentro de un plazo que no podrá ser menor de tres meses ni exceder de seis meses, contados desde la aprobación del Acto Legislativo por la segunda legislatura. El Acto Legislativo aprobado con arreglo a cualquiera de los dos procedimientos anteriores, empezará a regir a partir de su publicación en la Gaceta Oficial, la cual deberá hacerse por el Órgano Ejecutivo, dentro de los diez días hábiles que siguen a su ratificación por parte de la Asamblea Legislativa, o dentro de los treinta días hábiles siguientes a su aprobación mediante referéndum, según fuere el caso, sin que la publicación posterior a dichos plazos sea causa de inconstitucionalidad.

Título XIV. Disposiciones finales

Artículo 309. Esta Constitución entrará en vigencia a partir del 11 de octubre de 1972.

Artículo 310. Los tratados o convenios internacionales que celebre el Órgano Ejecutivo sobre el Canal de esclusas, su zona adyacente y la protección de dicho Canal, así como para la construcción de un Canal a nivel del mar o de un tercer juego de esclusas, deberán ser aprobados por el Órgano Legislativo, y luego de su aprobación serán sometidos a referéndum nacional, que no podrá celebrarse antes de los tres meses siguientes a la aprobación legislativa. Ninguna enmienda, reserva o entendimiento que se refiera a dichos tratados o convenios tendrá validez si no cumple con los requisitos de que trata el inciso anterior. Esta disposición se aplicará también a cualquier contrato que celebre el Órgano Ejecutivo con alguna empresa o empresas particulares o pertenecientes a otro Estado o Estados, sobre la construcción de un Canal a nivel del mar o de un tercer juego de esclusas.

Artículo 311. Quedan derogadas todas las Leyes y demás normas jurídicas que sean contrarias a esta Constitución, salvo las relativas a la patria potestad y alimentos, las cuales seguirán vigentes en las partes que sean contrarias a esta Constitución por un término no mayor de doce meses a partir de su vigencia.

Disposiciones transitorias

Artículo 312. Se adoptan las siguientes disposiciones transitorias:
1. Por regla general, las disposiciones de la presente reforma constitucional tiene vigencia inmediata, a partir de su promulgación, excepto en los siguientes casos: A. Que alguna regla transitoria señale una fecha distinta para que se inicie dicha vigencia. B. Que se mantenga temporalmente la vigencia de TÍTULOS.

Artículos específicos de la Constitución de 1972 que quedarán sustituidos o reformados.
2. El Presidente y los Vicepresidentes de la República que sean elegidos en 1984 tomarán posesión de sus cargos al vencerse el actual periodo presidencial.
3. Las disposiciones de la Constitución de 1972 relativas al Órgano Ejecutivo, a la Asamblea Nacional de Representantes de Corregimientos, excepto al **Artículo** 140, al Consejo Nacional de Legislación, y a los Regímenes Municipal y Provincial continuarán en vigencia hasta que venzan los actuales periodos.
4. Las disposiciones del Título V (Órgano Legislativo), Título VI (Órgano Ejecutivo) y del Título VIII (Regímenes Municipal y Provincial), tendrán vigencia a partir de su promulgación, en lo que respecta a la materia de las elecciones de 1984.

5. Las disposiciones de la Constitución de 1972 relativas al Órgano Judicial continuarán en vigencia hasta la promulgación de las presentes reformas constitucionales.

6. Las disposiciones de esta reforma constitucional relativas al Título IX, en cuanto al Presupuesto General del Estado, iniciarán su vigencia con respecto al Presupuesto de 1985.

7. Los actuales Magistrados del Tribunal Electoral ejercerán sus cargos hasta cuando venza el periodo para el cual fueron nombrados.

8. El nuevo periodo del Procurador General de la Nación y del Procurador de la Administración comenzará el primero de enero de 1985.

9. El nuevo periodo del Contralor y del Subcontralor General comenzará el primero de enero de 1985.

10. El Tribunal Electoral, previa consulta con los partidos políticos inscritos, presentará al Consejo Nacional de Legislación, dentro del término de treinta días calendario, contados a partir de la vigencia de este **Artículo** transitorio, el proyecto de Ley reglamentaria de las elecciones de 1984 para escoger Presidente y Vicepresidentes de la República, Legisladores, Alcaldes de Distritos, Representantes de Corregimientos y miembros de los Concejos Municipales. Si dentro del plazo de sesenta días calendario contado a partir de la presentación del proyecto de Ley antes mencionado, la Ley Electoral no ha sido dictada, las elecciones de 1984 se regirán por un Reglamento de Elecciones que expedirá el Tribunal Electoral, en consulta con los partidos políticos legalmente constituidos. En este caso, el Tribunal Electoral dictará los Decretos que la ejecución del Reglamento de Elecciones exija, y en este se incluirán las disposiciones reglamentarias que la Constitución adscribe a la Ley.

11. Hasta tanto sean creadas y demarcadas las Comarcas Indígenas de la República, la Ley creará un circuito electoral formado por los Corregimientos del oriente de la Provincia de Chiriquí habitados mayoritariamente por la población guaymí, en el cual esta elegirá un Legislador principal y sus respectivos suplentes, como miembros de la Asamblea Legislativa.

12. Se reconoce el nombramiento de los actuales Magistrados de la Corte Suprema de Justicia. Para asegurar la designación sucesiva de Magistrados, por periodos que venzan en distintas fechas, los actuales Magistrados per-

manecerán en sus cargos hasta cuando cumplan los requisitos para su jubilación o hasta cuando sean reemplazados mediante nuevo nombramiento. A partir del primero de diciembre de 1985, se harán nuevos nombramientos de dos Magistrados principales y suplentes, para que entren en funciones desde el primero de enero de 1986, en reemplazo de aquellos que hubieren cumplido los requisitos para su jubilación. Si hubiere más de dos Magistrados que tuvieren ese derecho, se reemplazará a los dos que tengan mayor edad. A partir del primero de diciembre de 1987, se harán nuevos nombramientos de dos Magistrados principales y suplentes, para que entren en funciones desde el primero de enero de 1988, en reemplazo de los dos Magistrados que, en la primera fecha, hubieren cumplido los requisitos para la jubilación, o que estuvieren más próximos a cumplirlos, de acuerdo con la legislación vigente. A partir del primero de diciembre de 1989, se harán nuevos nombramientos de dos Magistrados principales y suplentes, para que entren en funciones, a partir del primero de enero de 1990, en reemplazo de los dos Magistrados que en la primera fecha, hubieren cumplido los requisitos para la jubilación o que estuvieren más próximos a cumplirlos, de acuerdo con la legislación vigente. A partir del primero de diciembre de 1991, se harán nuevos nombramientos de dos Magistrados principales y suplentes, para que entren en funciones desde el primero de enero de 1992, en reemplazo de los dos Magistrados que, en la primera fecha, hubieren cumplido los requisitos para la jubilación, o que estuvieren más próximos a cumplirlos, de acuerdo con la legislación vigente. A partir del primero de diciembre de 1992, se hará el nombramiento de un Magistrado y su suplente, para que entren en función desde el primero de enero de 1993, en reemplazo del Magistrado que a fines de 1992 se le vence su periodo. En el caso de que cualquiera de los actuales Magistrados no tenga derecho a la jubilación conforme a la legislación vigente al momento de que se provea su reemplazo antes del vencimiento de su periodo, se le reconoce por mandato de esta disposición el derecho a continuar percibiendo sus emolumentos, inclusive gastos de representación, hasta el fin del periodo respectivo.

13. El Tribunal Electoral dictará el Decreto reglamentario en que conste la división en Circuitos Electorales que servirá de base a la elección de Legis-

ladores en 1984, conforme a las respectivas disposiciones de esta reforma constitucional, incluyendo aquellas que esta adscribe a la Ley.

14. En vista de que las presentes reformas constitucionales modifican y eliminan artículos de la Constitución de 1972, e introducen en ella artículos nuevos, quedando numerosos artículos sin modificar, se faculta al Órgano Ejecutivo para que, de ser aprobadas estas reformas constitucionales, elabore una ordenación sistemática de las disposiciones no reformadas y de las nuevas disposiciones en forma de texto único, que tenga una numeración corrida de artículos, comenzando con el número uno, con las debidas menciones de artículos puestos en orden, y que publique este texto único de la Constitución en la Gaceta Oficial en el término de veinte días contados a partir de la fecha en el que el Tribunal Electoral de a conocer el resultado del referéndum. El mismo texto único se publicará en folleto de edición oficial, para los fines de su amplia difusión. Dada en la ciudad de Panamá a los once días del mes de octubre de mil novecientos setenta y dos y reformada por los Actos Reformatorios N.º 1 y N.º 2, de 5 y 25 de octubre de 1978, respectivamente, y por el Acto Constitucional aprobado el veinticuatro de abril de mil novecientos ochenta y tres. ASAMBLEA NACIONAL DE REPRESENTANTES DE CORREGIMIENTOS -1972.

Libros a la carta

A la carta es un servicio especializado para
empresas,
librerías,
bibliotecas,
editoriales
y centros de enseñanza;
y permite confeccionar libros que, por su formato y concepción, sirven a los propósitos más específicos de estas instituciones.

Las empresas nos encargan ediciones personalizadas para marketing editorial o para regalos institucionales. Y los interesados solicitan, a título personal, ediciones antiguas, o no disponibles en el mercado; y las acompañan con notas y comentarios críticos.

Las ediciones tienen como apoyo un libro de estilo con todo tipo de referencias sobre los criterios de tratamiento tipográfico aplicados a nuestros libros que puede ser consultado en Linkgua-ediciones.com.

Linkgua edita por encargo diferentes versiones de una misma obra con distintos tratamientos ortotipográficos (actualizaciones de carácter divulgativo de un clásico, o versiones estrictamente fieles a la edición original de referencia).

Este servicio de ediciones a la carta le permitirá, si usted se dedica a la enseñanza, tener una forma de hacer pública su interpretación de un texto y, sobre una versión digitalizada «base», usted podrá introducir interpretaciones del texto fuente. Es un tópico que los profesores denuncien en clase los desmanes de una edición, o vayan comentando errores de interpretación de un texto y esta es una solución útil a esa necesidad del mundo académico.

Asimismo publicamos de manera sistemática, en un mismo catálogo, tesis doctorales y actas de congresos académicos, que son distribuidas a través de nuestra Web.

El servicio de «libros a la carta» funciona de dos formas.

1. Tenemos un fondo de libros digitalizados que usted puede personalizar en tiradas de al menos cinco ejemplares. Estas personalizaciones pueden ser de todo tipo: añadir notas de clase para uso de un grupo de estudiantes,

introducir logos corporativos para uso con fines de marketing empresarial, etc. etc.

2. Buscamos libros descatalogados de otras editoriales y los reeditamos en tiradas cortas a petición de un cliente.

www.ingramcontent.com/pod-product-compliance
Lightning Source LLC
Chambersburg PA
CBHW022049190326
41520CB00008B/746